作者简介

许 超 中南财经政法大学博士，湖北经济学院讲师。主要研究方向：公司金融、金融风险传染、经济不确定性，以及结构性货币政策等。参与国家自然科学基金项目“极端金融事件的非线性风险传染及其动态管理研究”，以及国家社会科学基金重大项目“经济发展新常态下货币政策的结构调整功能及其有效性研究”。曾在《经济研究》《经济学动态》《华中师范大学学报（人文社会科学版）》等期刊发表论文多篇。

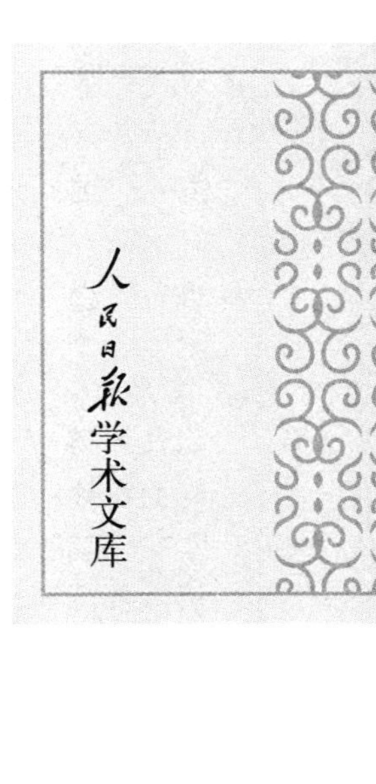

企业杠杆率分化的原因与结果研究

——兼对上市公司分红"结构之谜"的解释

许　超◎著

人民日报出版社

图书在版编目（CIP）数据

企业杠杆率分化的原因与结果研究：兼对上市公司分红“结构之谜”的解释／许超著．—北京：人民日报出版社，2019．5
ISBN 978－7－5115－6031－5

Ⅰ．①企… Ⅱ．①许… Ⅲ．①上市公司—利润—分配（经济）—研究—中国 Ⅳ．①F279．246

中国版本图书馆 CIP 数据核字（2019）第 094054 号

书　　名：**企业杠杆率分化的原因与结果研究：兼对上市公司分红“结构之谜”的解释**
作　　者：许　超

出 版 人：董　伟
责任编辑：万方正
封面设计：中联学林

出版发行：人民日报出版社
社　　址：北京金台西路 2 号
邮政编码：100733
发行热线：（010）65369509　65369846　65363528　65369512
邮购热线：（010）65369530　65363527
编辑热线：（010）65369533
网　　址：www.peopledailypress.com
经　　销：新华书店
印　　刷：三河市华东印刷有限公司

开　　本：710mm×1000mm　1/16
字　　数：150 千字
印　　张：13
印　　次：2019 年 7 月第 1 版　　2019 年 7 月第 1 次印刷

书　　号：ISBN 978－7－5115－6031－5
定　　价：78．00 元

前　言

2018 年，我国开启了高质量发展的新征途，中央经济工作会议把深化供给侧结构性改革作为“八项重点工作”之首，明确提出“扎实推进供给侧结构性改革，继续抓好‘三去一降一补’”。2018 年政府工作报告首次将“宏观杠杆率保持基本稳定”作为主要预期目标。中央财经委员会召开的第一次会议又提出了“结构性去杠杆”，被视为新时期去杠杆的新思路，并明确指出去杠杆已经进入新阶段，要求地方政府和企业，特别是国有企业要尽快降杠杆。尽管供给侧结构性改革以来我国宏观经济总体杠杆水平上升势头得到有效遏制，但我国非金融企业部门杠杆水平过高的问题依然突出，国有企业去杠杆成为重中之重。

企业如何去杠杆，已经成为当前经济领域最重要的研究课题，具有重要的理论与现实意义。事实上，自 2008 年国际金融危机以来，我国企业杠杆率出现显著分化，非国有企业杠杆率显著下降，国有企业杠杆率反而略有上升，也正是这一现象逐渐演变成当前企业去杠杆的结构性难题。本书将立足于企业杠杆率分化这一经验事实，对企业杠杆率分化的原因和结果进行研究，以作为“企业如何去杠杆”这一难题的突破口，为企业去杠杆提供有益的经验证据及政策参考。具体而言，本书从经济不确定性的角度分析企业杠杆率分化的原因，并从企业分红的角度分析了企业杠杆率分化导致的结果。本书认为正是企业杠杆率分化导致了上市公司分红的结构性变化，本书称之为上市公司分红“结构之谜”。

企业杠杆率的变化能有效解释中国上市公司分红“结构之谜”，这一发现将为高质量发展时期中国企业如何实现“去杠杆”提供重要政策参考。

除了导论和结论以外，本书主要包括如下四个章节。第一章主要讲述我国杠杆率的结构性特征与“结构性去杠杆”，就“结构性去杠杆”的内涵、逻辑及现实路径进行了分析，奠定了本书的基本研究背景，旨在试图弄清当前经济的主要难题，并把握去杠杆的政策思路。第二章讲述了经济不确定性与企业杠杆率分化，主要从经济不确定性的视角分析我国企业杠杆率分化的成因，还基于 FAVAR 框架构建了我国经济不确定性指数（EU），并同时检验了经济不确定性与经济政策不确定性对企业杠杆率分化的不同作用，为营造结构性去杠杆的合适宏观环境提供了经验证据及政策参考。第三章主要讲企业杠杆率分化与上市公司分红“结构之谜”，是本书的核心章节，从企业分红的角度分析了企业杠杆率分化导致的结果，分析了企业去杠杆与分红之间的密切联系，勾勒出了上市公司通过分红策略的主动应变来缓解去杠杆的负面冲击这一现实图景；尝试通过经验证据的分析为企业以及宏观调控部门的应对策略提供重要的参考价值，并从去杠杆的角度揭示了上市公司分红“结构之谜”，缓解了传统委托代理视角解释存在的逻辑不一致性。为识别企业杠杆率分化与分红“结构之谜”之间的因果关系，本书借助了双重差分的识别策略，以及多元回归模型框架下的逐步回归分析法。第四章主要讲述企业杠杆率分化与企业全要素生产率，尝试从企业全要素生产率的角度评价企业去杠杆的成效，主要借助了 OP 方法来测度企业的全要素生产率，这部分将为高质量发展时期中国企业如何去杠杆提供一定的启示。

本书通过研究得出如下主要结论：1. 国际金融危机以后，国有企业杠杆率上升的背后，实际上是经济不确定性的下降，企业杠杆率的分化并不能归因于经济不确定性的上升。与经济政策不确定性的传统观点有所不同，最关键的是经济不确定性的变化虽然可以预测企业的杠杆率行为，但它并不是一个可操作的变量，这也是与经济政策不确定性有所不同的关键之处。更具体而言，经济不确定性指数（EU）每上升一个标准差，那么可以预期非国有企业的杠杆率将上升0.85个百分点，而国有企业的杠杆率将下降0.98个百分点，均接近一个百分点的杠杆率变化。在具体影响机制方面，本书发现除了金融抑制等因素外，股权融资渠道的变化也是重要的影响渠道。2. 无论分红水平还是分红意愿，均与杠杆水平之间存在显著替代关系，企业杠杆率与分红之间亦存在显著替代关系。相较于其他可能影响委托代理成本的因素，企业杠杆率变化在解释分红“结构之谜”方面，具有更强的解释力，解释了1/3的分红结构效应。3. 在考虑了企业杠杆率变化以后，本书的实证结果支持优序融资理论。在控制了杠杆率水平以后，无论是分红水平还是分红意愿，均与投资机会TobinQ呈负相关关系，这与优序融资理论的主要推论是一致的，如果不考虑企业杠杆率的变化，将会错误地得出优序融资理论不成立的结论，本书的实证研究为澄清这一干扰因素提供了经验证据，也说明在考虑优序融资理论时，需要仔细考虑融资时点变化时累积债务或者企业杠杆率的变化。4. 非国有控股上市公司在“去杠杆”的过程中并没有牺牲全要素生产率以及盈利能力，经济增长质量继续保持着稳定增长，此次企业部门“去杠杆”过程符合经济增长质量发展的要求。“去杠杆”过程不仅对企业全要素生产率具有促进作用，对企业全要素增长率的增速同样具有促进作用，企业通过去杠杆能有效促进企业全要素生产率的提升。5. 相对非国有控股上市公司而言，国有控股上市公司的杠杆率对企业全要素生产率的影响更明显，一旦国有控股上市公司开始去杠杆，将实现全要素生产率更大的提升。6. 企业全要素生产率存在收敛效应，这与相关宏观经济理论预示的结果是一致的（Barro，1998）。全要素生产率的收敛效应在微观层面同样存在，这为宏观经济理论提供了一定的微观经验证据。

本书主要贡献在于如下几个方面：1. 本书首次提出上市公司分红“结构之谜”，并从企业杠杆率分化的视角作出了合理解释。现有文献主要从委托代理成本的角度对企业分红行为进行解释，对于“国际金融危机前后国有控股上市公司和非国有控股上市公司分红水平发生结构性扭转”这一经验事实，并没有引起足够的重视，而这一经验事实对这类研究提出了不小的挑战。本书将Rozeff（1982）的分析框架拓展到比较静态分析的情形，较好地揭示了资本结构变化通过影响融资成本变化，从而导致国有控股和非国有控股上市公司分红水平发生结构性扭转的可能。随后本书研究结果证实了企业杠杆率的分化是中国上市公司分红“结构之谜”的重要成因，非国有控股上市公司国际金融危机以后经历的“去杠杆”过程导致了企业分红的结构性变化。2. 本书同时检验了经济不确定性与经济政策不确定性对企业杠杆率分化的不同作用，为营造结构性去杠杆的合适宏观环境提供了有益的经验证据。什么原因导致了企业杠杆率的分化，这也是现有很多研究聚焦的一个问题，在考察企业杠杆率分化的成因时，有研究注意到了不确定性的影响，但对经济不确定性的代理指标则存在一定争议，本书根据奈特指出的不确定性的不可预测特征，基于FAVAR框架测算了我国经济不确定性指数（EU）。结果发现经济不确定性与经济政策不确定性不仅在定义上存在明显区别，具体走势上也呈现出不同的趋势与特征。对此，本书同时检验了经济不确定性与经济政策不确定性对企业杠杆率分化作用，发现二者存在截然相反的作用。3. 本书进一步研究了企业“去杠杆”对企业全要素生产率的影响，为当前企业“去杠杆”提供了有意义的政策参考。本书发现，非国有控股上市公司在国际金融危机后经历了一波成功的去杠杆过程，企业在去杠杆的同时，保证了全要素生产率的稳步提升，为经济增长质量作出了贡献。非国有控股上市公司“去杠杆”的成功，可部分归功于分红水平的提升，通过提升分红水平，既可以有效降低代理成本，还能吸引投资者，提升企业在资本市场募集资金的能力。4. 在研究方法上，本书将双重差分的识别策略与多元回归模型框架的逐步回归分析方法结合起来，为量化分红决策影响因素的解释力度提供了可能。通过将双重差分的识别策略与多元回归的模型框架内的逐步回归分析法结合在一起，通过在双重差分的回归模型中将重要因素逐步引入，我们可以通过系数比较，得到相关因素具体解释力度的量化结果。

目　录
CONTENTS

导 论

第一节 研究背景及意义

2018年，我国开启了高质量发展的新征途，中央经济工作会议把深化供给侧结构性改革作为“八项重点工作”之首，明确提出“扎实推进供给侧结构性改革，继续抓好‘三去一降一补’”。2018年政府工作报告首次将“宏观杠杆率保持基本稳定”作为主要预期目标，标志着去杠杆开始步入新阶段。2017年我国去杠杆工作取得了一定成效，总体宏观杠杆率基本平稳，而企业部门首次实现杠杆率的下降。我国总体宏观杠杆率由2016年的239.7%上升到242.1%，仅上升了2.4%，相较于2008—2016年间年均12.3%的增速而言，2016年宏观杠杆率增速明显放缓，并开始趋于稳定。2017年非金融企业部门首次实现杠杆率的下降，下降了1.3个百分点。2018年4月2日，中央财经委员会召开的第一次会议又提出了“结构性去杠杆”，被视为新时期去杠杆的新思路，并明确指出去杠杆已经进入新阶段，要求地方政府和企业，特别是国有企业要尽快降杠杆。

企业如何去杠杆，已经成为当前经济领域最重要的研究课题，具有重要的理论与现实意义。从具体情况来看，尽管供给侧结构性改革以来我国宏观经济总体杠杆水平上升势头得到有效遏制，但我国非金融企业部门杠杆水平过高的问题依然比较突出，国有企业去杠杆成为重中之重。中国人民银行徐忠（2017）指出，我国非金融部门杠杆率高企问题更具体地表现在国有企业杠杆率偏高。国际金融危机以后，我国宏观杠杆率快速上升，企业杠杆率分化也日趋明显，非国有控股上市公司杠杆水平在美国国际金融危机以后经历了一段下降过程，而国有控股上市公司则一直保持在50%以上的较高水平（如图0—1左图所示）。根据对中国规模以上工业企业债务的调查发现[①]，前十名“债王”中国有企业占了大部分，按照排名分别是中国石油、中国建筑、中国石化、中国铁建、中国中铁、中国交建、万科、中国联通、保利地产和上汽集团。除了万科以外，基本都是国有企业。特别值得注意的是，中石油的债务飙升在国际金融危机以前就开始了，国际金融危机并没有对这样一个庞大国企造成干扰，2006—2016十年间，中国石油的债务几乎是一路飙升，2012年后负债总额超过1万亿。

本书还注意到，国际金融危机以后企业层面同时出现了一个新现象，企业分红几乎同时出现了结构性扭转（如图0—1右图所示）。企业杠杆率分化的现象引起了很多研究者的关注，并从多个角度解释了其成因，但是在评价去杠杆分化的影响时，很多研究者的视角比较单一，多是聚焦在杠杆本身，研究杠杆的决定因素或者合理的

① 资料来源：南方周末专栏文章，http：//www. infzm. com/content/138401。

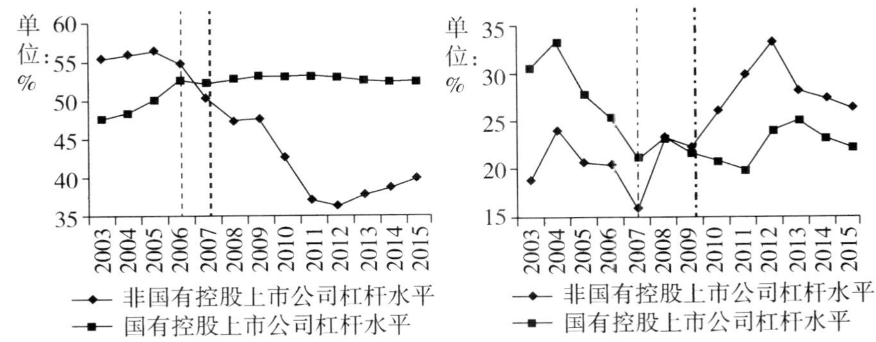

图 0－1　中国上市公司杠杆及分红的变化趋势

杠杆率水平，但对于合理杠杆率的合理水平并没有统一意见，而在此时，本书认为研究企业杠杆率分化的后续影响具有重要的现实意义。

那么，围绕“企业如何去杠杆”的问题，自然就衍生出本书的核心问题，也是该问题的一个子问题，企业杠杆率的分化导致了哪些重要后果？企业在去杠杆过程中会如何应对？现有研究没有对其引起足够的重视。而本书认为，美国国际金融危机以后，我国企业部门几乎同时出现了企业分红结构性变化的现象，合理的猜测是这两者之间可能存在某种密切联系。现有研究多直接将国际金融危机冲击作为影响因素，较少分析具体的影响机制。本书从企业杠杆率分化的视角，认为企业杠杆率的分化是解释企业分红结构变化的重要影响因素。更重要的是，分红结构的变化是企业在去杠杆环境下的一种应对方式，也是企业杠杆率分化的重要结果之一。为验证这一猜想，本书在传统双重差分的分析框架下，进一步结合多元回归模型框架的逐步回归分析，为识别企业去杠杆与分红之间的联系提供了可靠的经验证据。与此同时，该研究还能解释目前企业分红中存在的一些逻辑不一致的地方，本书将之称为上市公司分红“结构之谜”，对以上问题的回答将具有重要的理论与现实意义。

围绕“企业如何去杠杆”的问题，还有一个衍生的子问题，也是本书研究的首要问题，即什么原因导致了企业杠杆率的分化，现有研究注意到这一问题的重要性。在考察企业杠杆率分化的成因时，这些研究会注意到经济不确定性的影响，但对经济不确定性的代理指标则存在一定争议，本书根据奈特指出的不确定性的不可预测特征，基于FAVAR框架构建了我国经济不确定性指数（EU），结果发现经济不确定性与经济政策不确定性不仅在定义上存在明显区别，在具体走势上也呈现出不同的趋势与特征（如图0－2所示）。鉴于不确定性对企业杠杆的重要影响，本书同时检验了经济不确定性与经济政策不确定性对企业杠杆率分化的不同作用，为营造结构性去杠杆的合适宏观环境提供了有益的经验证据，这对当前企业去杠杆具有重要的理论和现实意义。

最后，也是“企业如何去杠杆”的一个子问题，即如何评价企业去杠杆的成效。本书尝试从企业全要素生产率的角度评价企业去杠杆的成效，借助较为合理的OP方法来测度企业的全要素生产率，这将为高质量发展时期中国企业部门如何去杠杆提供一定的启示。

总之，企业如何去杠杆已经成为当前中国经济的首要问题，本书将围绕这一问题进行深入研究。更具体而言，围绕这一问题，本书按照一般的叙事逻辑，即“事前成因、事中如何应对、事后如何评价”的顺序进行分析，拟通过对以上三个子问题进行研究，对这些问题的回答必将进一步充实本书的理论与研究意义。

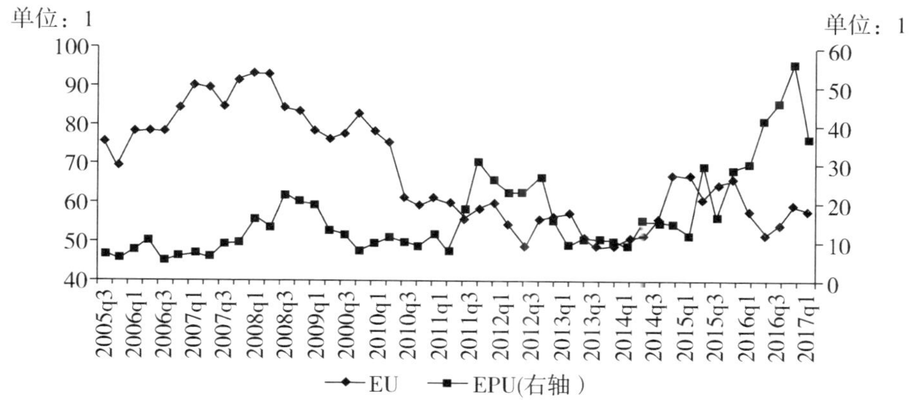

图 0—2 中国经济不确定性（EU）与经济政策不确定性（EPU）季度变化趋势

第二节 文献综述

一、经济不确定性与去杠杆分化

“结构性去杠杆”虽然是 2018 年 4 月才首次提出的，但早在 2008 年国际金融危机以后，我国企业杠杆率的结构性特征就开始呈现。事实上“杠杆”最早是企业微观层面的一个概念，一般也作为企业负债的衡量指标，但是 2008 年国际金融危机以后，人们发现债务或者杠杆成了一个普遍问题，宏观经济层面也开始把债务视为经济健康状况的一个重要指标。随着“去杠杆”已成为当前宏观经济领域的重要议题，学界也进行了很多重要研究，杠杆的结构性特征逐渐得到人们的重视。

钟宁桦等（2016）注意到债务或者杠杆的结构性特征，他们分析了1998—2013年近400万个工业企业样本数据，结果发现，在2013年的35万家企业中，负债最多的前500家企业就超过了债务总量的1/4。钟宁桦等（2016）较早注意到我国企业杠杆率的这一结构性特征，并通过分析1998—2013年近400万个工业企业样本数据，提供了有力的经验证据。陆正飞等（2015）通过观察2004—2012年上市公司样本，也发现国有企业存在更高负债，但他们从过度负债的视角分析认为，国有企业在长期的过度负债程度和可能性更低，短期则具有更高的过度负债的可能性（Johansson & Feng，2015）。他们同样注意到2005—2011年中国上市公司国有企业杠杆率更高的现象，分析后发现国有企业比非国有企业能获得更多的银行贷款，由此导致国企杠杆率更高。有大量研究从宏观经济整体布局的宏观视角提出了重要政策意见（冯明，2016；张晓晶等，2018；张晓晶、文丰安，2018；中国人民大学中国宏观经济分析与预测课题组，2018；陈小亮、陈彦斌，2018；刘泽希、李子昂，2018），也有从企业层面的微观视角对成因进行分析，认为企业本身的特征可以预测企业的债务规模（钟宁桦等，2016）。

另一方面，国际金融危机以来，经济不确定性备受关注。一般而言，我们在说经济不确定性在日益加深时，更多的是指经济政策不确定性的加深，为了应对经济下滑，常常出台经济政策，但从实体经济的可预测程度来看，实体经济的不确定性并未明显增加，这在某种程度上也意味着经济政策的有效性在下滑，与相关研究的结论也是一致的，但对实体经济不确定性本身的关注却因为计量技术的限制而缺乏足够的研究。

现有研究对于不确定性的概念不可避免地出现了一定程度的混淆，这需要我们按照某种框架进行一定程度的区分，陈乐一和张喜艳（2018）注意到现有关于经济不确定性概念讨论存在的区别，并将其分为实体经济不确定性和经济政策不确定性。其中实体经济不确定性主要表现为经济本身的不确定性，经济政策不确定性则更加关注政策变化的不确定性。部分研究曾提出将其进行综合测度分析，本书则认为这种综合会导致诸多问题产生，虽然这些研究的主要意图是通过整体评估来把握经济整体存在的不确定性，但忽略了实体经济不确定性与政策不确定性的重要区别，如此会导致更深层次的混淆。在经验研究中会发现经济不确定性与政策不确定性的走势存在明显的不同步，甚至有完全相反的趋势，这种综合对厘清经济不确定性的影响机制是不利的，将再次导致加深相关实证研究中的混淆。

另外，风险与不确定性之间的区别也是值得注意的。最早区分“风险”和“不确定性”的是芝加哥学派早期代表性人物奈特①，奈特从认识论的角度讨论了“主观概率”和“客观概率”或者“实际概率”与“先验概率”这两种区分方法。“主观概率”或者“实际概率”在认识论上是不可以完全预知或者预测到的，而“客观概率”或者“先验概率”则是可以通过演绎法可知的。简而言之，“风险”或者“波动”概率是可以通过模型预测到的，在实务中可以通过保险来转移，所谓的保险精算就是预测了这种概率。有了“风险”的概念，不确定性的概念就简单了，“不确定性”就是不可知、不可预测的那部分，利润之所以产生，也是因为不确定性的存在，而在完全竞争的确定性环境下，是没有利润的，而企业家才能主要体现在如何应对不确定性上。“风险”因为可以预测，通常可以折算成固定

① 弗兰克·H. 奈特：《风险、不确定性与利润》，商务印书馆2006年版。

成本纳入企业成本核算，或者转嫁给保险公司，而不确定性则是不可预测的，甚至也没法转嫁，只有企业家来承担，而利润其实是对风险中不可预测的部分的补偿，也就是对不确定性的补偿。这一观点是对我们传统的“风险补偿”论的修正，风险是成本，不确定性才会得到补偿，这种补偿是不可知，这是奈特从认识论的高度得到的非常具有价值的理论总结。

现有很多研究忽视了不确定性与风险之间的区别，对于不确定性的这种不可预测性质，几乎等于说不可研究。因此现有研究都聚焦于风险上，但将风险与不确定性进行混淆仍然是不应该的。在指标选取方面，他们往往将波动性这些可预测的风险测度指标作为不确定性的代理变量，这种处理方式是将风险与不确定性混淆在一起了。现代经济金融对风险是可以处理的，核算出的保费就是对风险的度量。如果市场波动能通过模型度量，那么这些就是风险，不过能通过风险管理来应对，也就不是严格意义上的不确定性。因此抓住“不可预知”的特点才是对不确定性的合理度量，排除可以预知的风险，不确定性就是不可预知的部分。根据这个定义，在模型操作层面，不确定性自然就是尚未被模型预测到的部分。

经济不确定性并不可观测，虽然利用可观测指标来测度潜在的经济不确定性并非不可能，但现有测度方法常常导致一个问题，就是即使潜在的经济不确定性以及经济基本面不发生任何变化，这些测度指标依然会随时间而变化，例如利用债券市场收益率波动推知企业利润、债券收益和生产率的代表性离差等测度方法（Caballero & Pindyck，1992；Driver & Moreton，1991；Goldberg，1993）。这些关于不确定性的测度，研究聚焦于不确定性的波动性特征，将经济变量的波动性作为不确定性的代理指标，但是忽略了不确定性本身具有的、也更为重要的不可预测特征，这种测度方法可能导致较为严重的测量偏误①。在忽略不确定性本身的不可预测特征的同时，过去的研究还混淆了波动性与不可预测之间的区别，错误地认为波动性同时代表了不确定性所具有的不可预测特征，忽略了经济序列本身的波动性是可以预测的这一事实。另外，这种测度方法，还存在“因果倒置”的谬误，它将不确定性所导致的结果作为不确定性的代理变量。虽然不确定性会导致经济变量在特殊时期出现异常波动，但是即便在平常时期，在没有出现较大不确定性的突发事件时，经济变量本身也会出现波动，这种平常时期的波动显然并不意味着不确定性也出现了波动。即便这种测度方法能反映特殊时期不确定性的波动异常，却无法反映平常时期不确定性的变动情况。

Jurado et al（2015）较早地注意到这些问题，他提出的测度方法更加关注不确定性的不可预测性特征。他选择多个经济序列指标，分别测算每一个经济指标不可预测的程度，并将其作为不确定性指数的构成部分，然后将其进行加权求和，作为经济不确定性指数。纪洋等（2018）在分析经济政策不确定性对企业杠杆率分化的影响时，虽然考虑到了需要排除经济不确定性的影响②，但并没有关注到这种经济不确定性与经济政策不确定性可能存在不同的影响。他们（2018）选取的经济不确定性指标是GDP增速预测的均值以及标准差，并认为经济增速预期越低，经济不确定性越大，标准差越大

① 由于对不确定性的测量偏误，使得在定量估计不确定性所产生的影响时，进一步导致偏误。

② 纪洋（2018）没有清晰细致给出他所认为的“经济不确定性”的定义，他在文中称之为经济本身的不确定性，但实际上用的是经济波动性的指标。虽然经济不确定性对GDP具有负面影响，但这种定义依然存在不确定性与风险或者波动性之间的混淆。

则前景判断的分歧越大，则经济本身的不确定性也越大，这种定义混淆了不确定性与风险或者波动性之间的区别。不确定性与风险或者波动性之间虽然存在密切的联系，但并不意味着风险或者波动性可以视为不确定性本身。

二、企业杠杆率与分红之间的联系

（一）企业分红的影响因素

现有关于企业分红或者现金股利的研究，主要围绕“股利之谜”展开，对企业分红的决定因素提出了诸多猜想及解释。自 Miller 和 Modigliani（1958，1961）提出股利无关论以来，大量研究发现公司遵循着极为复杂的股利支付策略，这对企业股利支付行为的解释提出了挑战，Black（1976）则将之称为“股利之谜”。特别是在考虑了税收因素之后，股利支付行为变得更为复杂，Allen 和 Michaely（2001）指出如果对分红征收了比资本利得更重的税负，那么企业出于税收的考虑将会更偏好于股票回购而不是现金股利。Brav et al（2005）通过对企业财务主管的调研，支持股票回购是一种“税收上更有效的向投资者返回资本的方式”，但企业仍然会选择支付现金股利，税收让企业的股利支付行为更加难以解释，“股利之谜”的谜团也因此加深。围绕“股利之谜”，学者们提出了诸多解释，其中基于股利信号理论和股利代理理论的解释影响最为深远。

本书分红“结构之谜”所探讨的问题，结合中国资本市场在国际金融危机前后的实际情况引入了更多现实因素，包含了国际金融危机的冲击以及国有、非国有产权的异质性，这两个因素的同时考察对分红“结构之谜”的发现至关重要。除了关心企业分红的决定因素外，我们更关心产权异质性在国际金融危机前后的分红行为中产生了何种影响，这对分红“结构之谜”的解释至关重要。“国际金融危机前后国有控股上市公司和非国有控股上市公司分红水平发生结构性扭转”这一经验事实，对现有研究提出了不小的挑战。现有文献主要从委托代理成本的角度对企业的分红行为进行解释，并有两种主要假说，即“结果”假说和“替代”假说。根据中国上市公司样本的实证研究表明，在国际金融危机以前，国有企业相对于非国有企业支付了更多的红利，这种差异被认为满足“替代”假说；在国际金融危机以后，国有企业相对于非国有企业支付了更少的红利，这种差异被认为满足“结果”假说。我们一旦将国际金融危机前后不同时期样本割裂开来进行分析，就会出现完全不同的结论。不同时期样本提供的证据分别支持着“结果”假说和“替代”假说这两个完全对立的假说，且均能在各自样本区间内得到逻辑自洽的解释。然而，一旦将不同时期样本放在一起考察，这两个时期样本所支持的两种对立假说，必然会产生逻辑矛盾，更无法解释中国上市公司分红的“结构之谜”。

关于相关政策对股利政策的影响，近年来存在较多研究。首先是国企改革中的国有资本经营预算管理的实行，王佳杰等（2014）较早对国有资本经营预算制度的有效性进行了研究，并就国企分红及过度投资之间的关系进行了探讨。但该研究仅通过引入时间变量分析国有资本经营预算管理制度的影响，很难有效剔除时间因素中的其他宏观时变因素，识别策略存在一定的缺陷，因此不能很好地识别国有资本经营预算管理制度带来的直接效应。另外，有研究考虑到半强制分红政策的影响，如李常青等（2010）以2008年政策出台的时间为分界点，用事件研究法考察了市场对该政策颁布的反应，他们将资本市场现金分红比例的上升归因于半强制分红政策的影响。

他们还同时指出，那些有再融资需求处于成长期的企业，则受到半强制分红政策的显著负面影响，这也导致了一定程度的“监管悖论”。这些研究虽然都考虑到了政策影响，但识别策略上存在较大局限，特别是在2008年那么特殊的一个年份，很难通过一个时间虚拟变量的设定来识别这么多复杂的因素的影响。

还有研究注意到国企分红的特殊性（杨汉明，2009；钱雪松、孔东明，2012），全面描述了国企行为及其分红的理论机制，以及其背后深刻的体制原因。值得注意的是，部分研究虽然在理论分析中比较深刻，但因为缺乏合理的对照实验组设计，无法提供可靠的经验研究证据。这类研究在经验研究设计时存在一些缺陷，缺乏合理的对照组，仅在时间维度上作跨时比较，很难识别各种宏观事件的影响（杨汉明，2009；王佳杰等，2014；高文亮等，2017）。比如王佳杰等（2014）认为2008年国有资本经营预算管理制度导致国企杠杆率的变化，但仅仅用一个时间虚拟变量作为这一制度的代理变量，是不合理的，国企杠杆率本身自然也会有变化，如果没有非国企的参照，很难识别政策影响。还有很多研究认为半强制分红政策会影响分红。那么如何对国际金融危机等其他因素进行控制呢？不通过合适的控制组检验是很难识别的，这为研究结论的有效性打了一定折扣，也是经验研究中的难点。

本书实质上是验证在国际金融危机冲击下，企业债务融资与股权融资的调整问题。对于上市公司而言，在应对国际金融危机的过程中，一旦企业选择主动去杠杆，就要通过提高分红来改善股权融资条件。为什么本书在分析企业杠杆率分化的后果时关注分红而不是股权融资本身？首先，杠杆率水平本身意味着股权融资占比的提升，其存在“同义反复”所导致的循环论证的问题，无法作为一个可验证的经验命题进行合理的验证。而企业分红行为则通常具有较大的灵活性，与企业杠杆水平本身存在一定独立性，是验证债务融资与股权融资调整关系的一个更好的、可验证的经验指标。我们通过对分红行为的调整方向的观察，能较好地验证本书的核心经验命题，即企业在应对国际金融危机时，主动选择提高分红增加企业股权融资吸引力，由此实现企业的主动去杠杆，在这个过程中有可能避免企业资本的被动收缩，而通过主动去杠杆实现企业杠杆水平的合理调整，与被动去杠杆的含义存在较大差异。单独看去杠杆或者单独看分红都是不全面的，去杠杆和分红是企业融资策略选择过程中不可或缺的，它们几乎可以看成是一体两面的关系。企业杠杆率与企业分红之间可能存在一定的替代关系，但现有经验研究尚未形成统一的结论。一方面是样本的横向比较维度不同，对于不同生命周期的企业，杠杆率与分红的各种高低组合都可能存在；另一方面则是纵向时间维度不同，比如有的研究金融危机以前，高杠杆是更为普遍的现象，相应地会出现更多的低分红，有的研究金融危机以后，发现杠杆率开始下降，分红水平开始提升，低杠杆与高分红这种新组合开始在部分样本中出现。

本书还分别从微观层面和宏观层面对上市公司分红政策的影响因素进行了分析，并归纳总结了现有研究关注的主要影响因素。从微观层面来看，影响企业股利政策（分红政策）的因素包括企业未来投资计划、公司治理水平、预期盈利水平、股权集中度、企业规模、企业交叉上市、企业的可持续增长能力、企业债务契约限制、公司估值水平等，如表 0—1 所示。从宏观层面来看，影响企业分红政策的因素包括地域因素、投资者保护机制（法律制度）、产品市场竞争程度等，如 0—2 所示。

表 0—1 微观层面的主要影响因素

解释变量		解释变量度量	文章结论	文献来源
盈利能力	D_{it}	i 公司在 t 年的息税前利润（EBIT）	正相关	Lintner（1956），Renneboog & Trojanowski（2007）
	Et/At	息前税后利润/总资产账面价值	正相关	Denis & Osobov（2008）
	ROA	营业收入/总资产		Harada &Nguyen（2011）
	PROF	息税前利润/总资产	正相关	Amidu & Abor（2006）.
	profitability	资产收益率 ROA	正相关	Mitton（2005），Abor & Bokpin（2010）
增长机会	LNQ	市净率的对数	负相关	Harada & Nguyen（2011）
	Vt/At	市净率		Denis & Osobov（2008）
	growth opportunities	销售收入年增长率	负相关	Gurlon & Michaely（2007）
投资机会	Tobin’s Q	托宾 Q	负相关	Abor & Bokpin（2010）
	Tobin’s Q	托宾 Q	不显著	Kowalewski（2012）.
	InvestmentOpportunities	两个指标：销售收入增长率 GS _ 5YR 和市净率 M/B		Gurlon & Michaely（2007）
	M/B ratio	市值账面价值比	正相关	Aivazian et al.（2003）
市净率	M/B ratio		不显著	Adjaoud & Ben - Amar（2010）
	M/B ratio		负相关	Amidu & Abor（2006）
企业规模	Size		不显著	Abor & Bokpin（2010）
	Size	用每年 6 月最后一个交易日流通股的收盘价来计算		Chen et al.（2013）
	LNTA	使用总资产的对数		Harada & Nguyen（2011）
	FIRM SIZE	使用总资产的对数	正相关	Mitton（2005），Gurlon & Michaely（2007），Adjaoud & Ben - Amar（2010）
	Size	使用销售额的自然对数	不显著	Aivazian et al.（2003）

续 表

解释变量		解释变量度量	文章结论	文献来源
企业规模	Size	the percent of firms in thebenchmark population with smaller marketcapitalization	正相关	Denis & Osobov（2008），Kowalewski（2012）
	$LOGSIZE_t$	用公司市值的自然对数表示		Brockman & Unlu（2009）
风　险	PRICE VOLATILITY	用一年的市场价格标准差表示，即衡量股票价格波动性的指标	负相关	Adjaoud& Ben - Amar（2010）
	BETA	东京价格指数加权的权益贝塔系数		Harada & Nguyen（2011）
	RISK	利润的变异	负相关	Amidu & Abor（2006）.
	Risk	O—SCORE，这是一种公司破产风险度量指标（参见 Ohlson，1980）		Abor & Bokpin（2010）
	BETA	权益贝塔系数	负相关	Rozeff（1982）
	Busrisk	经营风险，用投资回报率的标准差表示	不显著	Aivazian et al.（2003）
增长能力	SGR_t	销售增长率，销售率取对数		Brockman& Unlu（2009）
	GROW	销售增长率		Amidu & Abor（2006）.
	GROW1，GROW2，	GROW1：当前为止销售收入的平均增长率；GROW2：预测的销售收入平均增长率	负相关	Rozeff（1982）
	dAt/At	总资产增长率，$dA_t = A_t - A_{t-1}$		Denis & Osobov（2008）

续 表

解释变量		解释变量度量	文章结论	文献来源
增长能力	G_{TA}，G_{Sales}，G_{sus}	G_{TA}是净资产的增长率，G_{Sales}是销售收入增长率，G_{sus}表示可持续增长率（见Higgins（1977））	负相关	Mitton（2005），Chen et al.（2013）.
	Sales Growth		不显著	Kowalewski（2012）.
股息滞后项	$D_{i\{t-1\}}$			Lintner（1956），Renneboog & Trojanowski（2007），Adjaoud & Ben - Amar（2010），Poterba（2004），Desai & Jin（2011）
公司治理	corporate governance ratings	由 Credit Lyonnais Securities Asia（CLSA，2001）开发的评级，分析师根据新兴市场企业在7个方面的54类问题的表现给出打分标准，共100分。	正相关	Mitton（2005）
	CG－Score（t）	表示公司治理评分，采用ROB公司治理评级报告的总得分（总分为100分）	正相关	Adjaoud & Ben - Amar（2010）
	GGI	公司治理水平GGI由7个子类组成：管理层，监事会，报酬remuneration，SHAREHOLDS 股东权利，OWNERSHIP 股权结构，Audit审计和财务披露，COPERATE 企业行为	正相关	Kowalewski（2012）.

续　表

解释变量		解释变量度量	文章结论	文献来源
留存收益	留存收益率		正相关	Denis & Osobov (2008)
	RE_t	留存收益除以资产账面价值表示		Brockman & Unlu (2009)
投资收益	ROA_t	资产报酬率		Brockman & Unlu (2009), Kowalewski (2012)
	ROE	净资产收益率	正相关	Aivazian et al. (2003), Adjaoud & Ben - Amar (2010), Chen et al. (2013), Abdelsalam et al. (2008)
偿债能力(财务杠杆水平)	LEVERAGE	资产负债率	负相关	Aivazian et al. (2003), Adjaoud & Ben - Amar (2010), Harada & Nguyen (2011), Kowalewski (2012)
	Coverage	用利息保障倍数表示，等于 EBIT/I	负相关	Aivazian et al. (2003)
	Current	表示流动比率	负相关	Aivazian et al. (2003)
	financial leverage, debt maturity	financial leverage 用资产负债率表示，debt maturity 用短期负债占总负债的比率表示。	不明显	Abor & Bokpin (2010)
现金流	FCF	资产账面价值除以经营现金流	正相关	Adjaoud & Ben - Amar (2010)
	$CASH_t$	现金盈余除以资产账面价值的比例		Brockman & Unlu (2009)
	CASH	现金流净额的对数	正相关	Amidu & Abor (2006)
交叉上市	CROSS-LISTED	虚拟变量，若在美国交易所上市则为 1	负相关	Adjaoud & Ben - Amar (2010)

续 表

解释变量		解释变量度量	文章结论	文献来源
股权集中度	STOCK	股权分散程度度量指标：普通股股东数量的自然对数	负相关	Rozeff (1982)
	LHH	前五大股东持股所占比例的平方	负相关	Harada & Nguyen (2011)
机构持股	INSH	机构持股比例	负相关	Amidu & Abor (2006).
	INSTOWN	机构持股比例	正相关	Abdelsalam et al. (2008)
内部人持股	INS	企业内部人员持有普通股比例	负相关	Rozeff (1982)
大股东持股	$Own_{j,it}$	所有权变量	负相关	Renneboog & Trojanowski (2007)
	BLOCKOWN	大股东股权比例		Abdelsalam et al. (2008)
股东权利	AD_t	股东权利指数，用来衡量法律赋予少数股东控制权的程度（参考 La Porta et al., 2008）	正相关	Brockman & Unlu (2009)
	SHAREHOLDS	衡量将公司事实告知外部投资者的程度		Kowalewski (2012).
	Shareholder rights	利用股东权益得分（总共22分）		Adjaoud & Ben - Amar (2010)
债权人权利	CR_t	债权人权利指数，它由四个虚拟变量组成（参考 Djankov et al., 2007）	正相关	Brockman & Unlu (2009)

表 0—2　宏观层面的主要影响因素

	解释变量	解释变量度量	文章结论	文献来源
地域因素	Centrallocation，Distance，Proximity to a major city	Central location 虚拟变量，如果企业位于2000 年人口普查时，前 10 位的大都市区，则为 1。(if the firm is located in a top—ten metropolitan area based on the 2000 Census)。Distance：log（1＋前 10 位大都市区的距离）。Proximity to a major city 是虚拟变量，若距离低于样本中位数，则为 1。	正相关	John et al.（2011）
市场竞争程度	HHI①	衡量标准：Herfindahl—Hirschman Index（HHI），源于制造商普查 Census of Manufacturers	负相关	Gurlon & Michaely（2007），He（2012）
投资者保护（法律）	是否英美法系，Common law；是否大陆法系，Civil law；是否低保护水平，Low protection	Civil law 民法是虚拟变量，若公司法或商法的起源是罗马法系，则为 1。Lowprotection 是虚拟变量，如果 antidirectors 权利指数小于或等于三（样本中位数），则 Low protection 为 1。	正相关	La Porta et al.（2000）
税　收	TAX	企业所得税/税前净利润	正相关	Amidu & Abor（2006）

（二）企业杠杆与分红之间的联系

资本结构无关论（Modigliani & Miller，1958）和股利无关论（Miller & Modigliani，1961）一直被视为公司金融领域的研究基准，

① $$HHI = -\sum_{i=1}^{N_j}\left(SALES_{i,j}\Big/\sum_{i=1}^{N_j}(SALES_{i,j})^2\right)$$

此后的学者们沿着不同的思路，在此基础上提出了大量的资本结构有关论及股利有关论。这些研究主要有三种思路：一是从税收成本的角度进行研究（DeAngelo & Msulis，1980；Kim，1988；Miller，1986）；二是从信息不对称的角度进行研究（Myers，1984；Ross，1977）；三是从委托代理理论的角度进行研究（Jensen & Meckling，1976，Rozeff，1982；Easterbrook，1984）。而委托代理理论的研究主要关注如何平衡管理层、外部持股人以及债权人之间的利益冲突，管理层则需要决定自己的持股比例、债务融资以及股权融资份额、股利支付水平，以降低利益冲突带来的委托代理成本。在委托代理理论的框架下，资本结构和股利支付水平虽然都对委托代理成本影响较大，但少有研究将二者放在同一框架下进行研究。Crutchley 和 Hansen（1989）较早将管理层的持股决策、股利政策和杠杆决策统一到委托代理的框架下进行研究，他们的实证研究结论较好地支持了委托代理理论，证明了企业管理层会在持股决策、股利政策和杠杆决策三项财务决策中进行权衡，以有效控制委托代理成本。

大量研究发现，公司遵循着极为复杂的股利支付策略，这对企业股利支付行为的解释提出了挑战，Black（1976）将其称为“股利之谜”。特别是在考虑了税收因素之后，股利支付行为变得更为复杂。Allen 和 Michaely（2001）指出，如果对分红征收了比资本利得更重的税负，那么企业出于税收的考虑将会更偏好于股票回购而不是现金股利。Brav et al.（2005）通过对企业财务主管的调研，支持了股票回购是一种“税收上更有效的向投资者返回资本的方式”，但企业仍然会选择支付现金股利，税收让企业的股利支付行为更加难以解释，“股利之谜”也因此加深。围绕“股利之谜”，学者们提出了诸多解释，其中基于股利信号理论和股利代理理论的解释影响最为深远。关于企业分红行为与委托代理成本之间的关系，现有研究提供了两种假说。其中，“结果”假说认为，现金股利被认为是较低委托代理成本的结果，现金股利与委托代理成本之间会呈现负相关关系。因为较低的委托代理成本意味着较好的公司治理水平，投资者能在有效的公司治理环境下使用合法权利要求企业发放现金股利，企业也无法为了私利过度使用资金（La Porta et al.，2000）。“替代”假说则认为，现金股利是对投资者承担了较高委托代理成本的补偿，现金股利与委托代理成本之间会呈现正相关关系。

Rozeff（1982），Crutchley 和 Hansen（1989）研究发现较高的现金股利能够降低股权融资相关的代理成本，支持了“结果”假说。他们同时进一步指出较高的现金股利支付会增加公司外部融资成本，企业在做出分红决策时需要在代理成本的下降与融资成本的上升之间进行权衡。因此，他们认为存在一个最优的目标股利支付水平，它取决于以上两项成本之和最低时的现金股利水平。祝继高和王春飞（2013）较早注意到了国际金融危机对上市公司分红行为的冲击，发现国际金融危机会降低上市公司的分红水平。

显然，企业去杠杆并不容易，企业杠杆水平通常“易升难降”，企业普遍存在不愿降低杠杆水平的现象。Admati et al.（2018）研究发现，股东们普遍不愿意降低企业杠杆水平，即便这种去杠杆行为能提升企业的价值，甚至当企业存在新发次级债务且会削弱企业价值的时候也是如此。他们将企业这种单向调整杠杆水平的行为称作“杠杆棘轮效应”。债务在公司治理中的角色存在两种假说。其中，“限制”假说认为，高杠杆会降低企业的代理成本，因为较高的债务对企业自有现金流的使用具有约束作用。“促进”假说则认为，高杠杆实际上提升了企业的代理成本，因为较多的债务融资使得控股股东获取了更多资源（Faccio，Lang & Young，2007）。事实上，产权性质及国际金融危机的冲击在其中也起着重要作用。Chivakul & Lam（2015）对不同产权性质的企业在国际金融危机前后的表现给予了足够关注，他们指出，在国际金融危机以前，国有企业杠杆水平低于私有企业，而在国际金融危机后，国企杠杆水平上升超过私有企业。谭小芬等（2018）也发现国有企业部门和非国有企业部门杠杆水平（资产负债率）在美国国际金融危机以后出现分化的问题，非国有控股上市公司杠杆水平在美国国际金融危机以后经历了一段下降过程。

此外，资本结构与企业绩效之间的关系一直是公司金融领域的核心命题，本书关于杠杆水平与全要素生产率之间关系的讨论，可以追溯到这一研究领域。生产率的提升一直被视为宏观经济增长的主要驱动力。大量研究表明，与资本积累等因素相比，全要素生产率的差异能解释更多的国家间收入差异问题（Hsieh & Klenow，2010）。对于企业绩效的衡量有多种指标，Schoar（2002）较早尝试使用全要素生产率来评价企业绩效，多数研究也发现了企业全要素生产率与企业价值之间的正相关关系（Balasubramanyan & Mohan，2010）。虽然关于资本结构与企业价值或企业绩效之间关系，已有不少研究，但目前基于微观与宏观相结合，探究资本结构与企业全要素生产率之间关系的研究文献仍然较少，有待进一步融合与拓展。

祝继高和王春飞（2013）的研究为本书提供了一个很好的研究基准，但他们的研究并未考虑到国有控股上市公司和非国有控股上市公司分红行为可能存在的异质性，因而也未能发现上市公司分红的结构扭转现象。从企业盈利能力、预期调整和融资约束等三个因素依次来看，国有控股上市公司和非国有控股上市公司在盈利能力和预期调整这两方面所受到冲击基本类似，因此其分红行为可能具有一致性，即使忽略其异质性，也并不影响国际金融危机会降低上市公司分红水平这一结论的得出；但是在融资约束方面，较多文献均表明国有控股上市公司和非国有控股上市公司存在较大的异质性，会使上市公司分红出现不同的倾向。因此，一旦忽略国有控股上市公司和非国有控股上市公司在融资约束方面的异质性，会对研究假设和结论形成较大的干扰，就更难以发现上市公司分红结构性扭转的现象。

目前有关国有产权和非国有产权分红水平的比较研究较少。在国内少量相关研究中，也均只关注了其中某个特殊样本时间段，其结果是得出了国有控股上市公司分红高于非国有控股上市公司分红和国有控股上市公司分红低于非国有控股上市公司分红这样两个完全不同的结论。如较近期的研究中韩雪（2016）选取 2009—2013 年上市公司样本进行了研究，得出国有控股上市公司相比于私人控股上市公司倾向于发放更少现金股利的结论，并从地方财政压力和金字塔层级这两个方面给出了一些解释；而早前的很多研究（陈信元等，2003；Lin et al.，2010）则多发现国有控股上市公司分红水平显著高于非国有控股上市公司分红，并将国有控股上市公司的高分红视为存在“掏空”[①] 的证据，认为国有控股上市公司因为具有更高的股权集中度而更倾向于通过更高的分红“掏空”上市公司。以上研究均仅针对国际金融危机前后的某一个时间段样本单独分析，

① La Porta et al.（1999）较早提出控制权与所有权分离产生的代理问题，这一代理问题主要表现为控股股东存在侵占中小股东的动机，它不同于管理层行为导致股东利益损失的第一类代理问题，学术界通常将控股股东或大股东与中小股东之间的利益冲突称为第二类代理问题。Johnson（2000）随后将这种“侵占效应”描述为“掏空”或“隧道效应”（tunneling）。

没有将国际金融危机前后两个时间段样本统一进行对比分析，忽视了我国上市公司分红水平在国际金融危机后出现的结构性扭转现象。这一忽视可能源于两个原因：一是部分研究并未将国有和非国有企业放在一个统一的框架下进行比较，似乎认为国有企业的行为存在诸多特殊性而无从比较；二是一些研究虽然尝试了将国有与非国有企业放在公司治理的统一框架下进行比较，但仅仅就新近的经验事实提出假设，而没有对前期研究的一些经验事实作进一步的对比分析。经济作为一个复杂体系，很难依靠停留在问题本身来完全弄清并解决一个问题，比如现有研究可能忽略了一个问题：企业去杠杆或者去杠杆的分化会对企业行为造成哪些显著的影响？企业层面的这些行为变化是被动的还是企业的主动应对？本书观察到中国上市公司分红行为在国际金融危机之后出现了显著的结构性变化，而通常情况下，由于国际金融危机对企业利润的负面冲击，会导致企业分红水平的下降，例如美国上市公司在2009年减少了580亿美元的分红，有接近800家企业减少了分红（Hauser，2013）。中国上市公司受国际金融危机影响，虽然整体上同样出现了分红水平的普遍减少（祝继高、王春飞，2013），但是非国有控股上市公司分红水平却出现了较为普遍的上升迹象，这是非常罕见的。一方面，仅从国际金融危机本身的冲击来看，我们无法解释这一反常现象；另一方面，我们不能将企业分红水平的下降视为理所当然，企业在面临国际金融危机时，不一定会一味被动地减少分红。非国有控股上市公司提高分红水平的这一现象显然包含了一些企业层面的主动应对。这种策略行为变化的背后是否存在一定的规律，是值得探究的。

中国上市公司分红的结构性扭转现象，即分红“结构之谜”对现有理论提出了挑战，本书结合中国资本市场在国际金融危机前后的实际情况引入了更多现实因素，包括国际金融危机的冲击及国有、非国有产权的异质性。这两个因素的同时考察对分红“结构之谜”的发现至关重要。本书除关心企业分红的决定因素外，更关心不同所有权控股的上市公司在国际金融危机前后的分红行为的不同，这对分红“结构之谜”的解释亦至关重要。

为解释中国上市公司分红“结构之谜”，本书需要回答以下两个问题：一是为何国际金融危机以前国有控股上市公司分红水平系统且稳定地高于非国有控股上市公司？二是什么因素的变化导致国际金融危机以后非国有控股上市公司分红水平出现罕见的上升，以及上市公司分红水平的结构性扭转？特别是第二个问题，目前并未得到现有研究的足够重视，也是本书研究的重点。

三、企业去杠杆与企业全要素生产率

现有研究多从宏观杠杆率的角度分析中国债务风险，流行以债务与 GDP 之比作为债务风险水平的衡量指标，相关决策部门也常以其作为“去杠杆”的调控目标。在各大国际机构报告中，国际货币基金组织（2015）以信贷与 GDP 之比评估各国面临的债务风险，国际清算银行（2015）进一步提出以债务率偏离长期趋势值的缺口值（债务/GDP 对均衡目标的偏离程度）作为国际金融危机的预警指标，并指出中国债务风险已经达到历史新高。在国内权威机构研究中，中国社会科学院李扬等（2015），也均以债务与 GDP 之比作为中国的杠杆率水平的度量指标。根据社科院李扬等（2016）的测算，截至 2015 年年底，中国全社会杠杆率已达到 249%，比 2008 年提高了 79 个百分点，尤其是非金融企业部门杠杆率达到 140%，远高于其他国家。现有从微观层面讨论杠杆率影响的文献主要集中于分析

金融机构特别是银行部门的杠杆率。范小云等（2011）测算发现，在非国际金融危机时期杠杆率较高的金融机构在国际金融危机中的边际风险贡献较大，并且金融机构对系统性风险的边际风险贡献具有明显的周期性特征。黄海波等（2012）讨论了杠杆率约束对商业银行行为的影响，认为杠杆率约束既有可能对资本充足率约束形成有效的补充，也极有可能相互抵触。刘信群和刘江涛（2013）分析了上市商业银行安全性、流动性和盈利性之间的关系，发现中国上市商业银行杠杆率与经营绩效呈负相关，流动性与经营绩效呈正相关。在非金融企业层面，钟宁桦等（2016）基于1998—2013年中国规模以上工业企业数据，考察了中国工业部门企业杠杆率的变化情况，梳理得到了一些重要的基本事实，为进一步分析杠杆率对企业绩效和债务风险的影响提供了事实基础。

为了对企业部门去杠杆过程的成效进行评价，本书主要从增长质量的角度，在微观的企业层面，主要就企业的生产率，特别是全要素生产率进行了评价。在评价企业部门去杠杆的成效时，本书的关注点在于这种去杠杆过程是否满足高质量发展的需求？为了对此作出合理评价，本书进一步对这一阶段企业全要素生产率的变化进行考察，并研究去杠杆与全要素生产率之间的关系。

资本结构与企业绩效之间的关系一直是公司金融领域的核心命题，本书关于杠杆水平与全要素生产率之间的关系，可以追溯至这一研究领域。生产率的提升一直被视为宏观经济增长的主要驱动力，大量研究表明，与资本积累等因素相比，全要素生产率的差异能解释更多的国家间的收入差异问题（Klenow and Rodriguez－Clare，1997；Hall and Jones，1999；Easterly and Levine，2001；Henry et al，2009）。对于企业绩效的衡量有多种指标，近年来公司金融领域也开始尝试使用全要素生产率来评价企业绩效（如 Schoar，2002；Maksimovic & Phillips，2002；McGuckin & Nguyen 1995；Imrohoroglu & Tüzel，2011），多数研究也发现了企业全要素生产率与企业价值之间的正相关关系（如 Bao & Bao，1989；Riahi－Belkaoui，1999；Dwyer，2001；Balasubramanyan & Mohan，2010）。

将全要素生产率的研究扩展到微观企业层面，不仅是对企业绩效度量方式的创新，也是研究视角的创新。如 Imrohoroglu & Tüzel（2011）基于企业全要素生产率的视角，从微观层面研究了企业是如何应对经济周期波动的。大量研究表明企业全要素生产率是一个重要的逆周期因素。全要素生产率较高的企业，在应对经济周期波动时抗风险能力更强，企业全要素生产率的增长对缓解宏观经济周期波动具有重要作用。从这个结论来看，企业全要素生产率的提升，不仅符合经济质量增长的长期要求，也符合经济稳定的短期需求。当前宏观经济领域的研究，已逐渐开始关注宏观经济波动的微观机制。本书基于企业全要素生产率进行分析，无疑顺应了这一研究视角的拓展。

从以上两个领域的文献发展来看，微观与宏观的相互融合已经成为一个趋势，本书将延续这一趋势，结合资本结构的相关理论与宏观经济增长的相关理论，探寻资本结构与全要素生产率之间的关系。虽然关于资本结构与企业价值或企业绩效之间关系，已经有了不少研究（如 McConnell & Servaes，1995；Berger & di Patti，2006；Driffield，Mahambare & Pal，2007），但目前并少有文献探究资本结构与企业全要素生产率之间的关系。

第三节 研究思路与方法

一、研究思路

本书围绕“企业如何去杠杆”这一核心现实问题展开研究，按照事物发展的时间逻辑，本书将其进一步拆解成三个问题，其研究思路如图 0—3 所示。本书研究的三个问题如下：

第一，事前如何预防？即哪些原因导致了企业杠杆率的快速上升？这一问题的回答将有利于宏观调控当局掌握“去杠杆”的合理时机，以及如何营造有利的去杠杆环境。

第二，事中如何应对？不同企业在去杠杆过程中会如何应对，都有哪些应对策略，这也是宏观调控部门在出台合理调控政策时需要重点考虑的因素。

第三，事后如何评价？本书认为对去杠杆效果的评价不能仅着眼于杠杆率本身，毕竟任何经济行为都有可能牵一发而动全身，故而本书提出从企业全要素生产率的角度来进行评价，这也符合经济增长质量的内在要求。

与此同时，本书沿着经验研究的思路，结合企业部门杠杆率的结构性特征事实来展开相关经验研究，通过合理的实证设计来为“企业如何去杠杆”这一核心问题提供可靠的经验证据。

在经验证据方面，本书注意到国际金融危机后企业杠杆水平的分化，并从经济不确定性的角度分析企业去杠杆分化的成因。随后，本书注意到一个重要的经验事实，上市公司分红在国际金融危机后出现了显著的结构性变化。分红作为企业的重要决策行为，这一变动是被动调整还是主动应变？是否与企业去杠杆存在密切联系？如果证实最初的猜测，将意味着企业是否能够通过分红策略的主动应变来缓解去杠杆对融资的负面冲击，这一重要经验证据将对企业以及宏观调控部门的应对策略提供重要的参考价值。最后，本书进一步通过测算企业全要素生产率来评价企业去杠杆的成效，不仅检验企业应对策略作用下企业去杠杆的成效，也为未来国有企业部门去杠杆这一重点环节提供有益的经验参考。

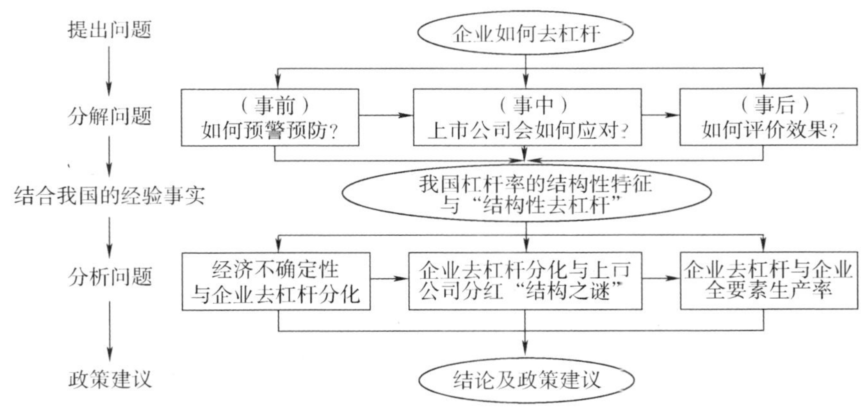

图 0—3 本书研究思路图

这三个问题环环相扣，由此构成本书的逻辑叙事链条，如图 0—4 所示。本书首先从经济不确定性的角度解释企业杠杆率分化的成因，与现有研究不同，本书同时考虑了实体经济不确定性与经济政策不确定性对企业杠杆率的影响，结果发现二者存在截然相反的作用影响，并进一步检验了股权融资渠道及金融抑制的影响。随后本书从分红的角度研究了企业杠杆率分化的影响，发现企业杠杆率分化与企业分红行为之间存在密切，不仅发现了去杠杆过程中企业行为策略变动的经验证据，还揭示了上市公司分红“结构之谜”，这对国企分红的问题同样具有重要的政策参考价值。最后，本书从企业全要素生产率的角度评价企业去杠杆的成效。

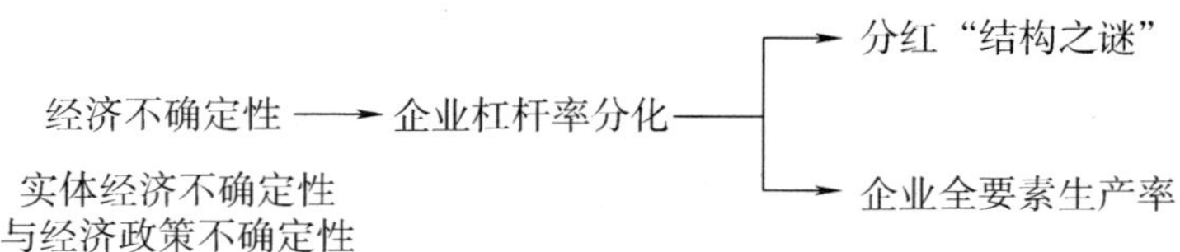

图 0－4　本书的逻辑叙事链条

二、研究方法

本书在经验研究需要解决三个重要问题：第一个是如何把握不确定性的不可预测特征，作出对中国经济不确定性的合度测度；第二个是如何有效识别企业杠杆率分化与分红结构性变化之间的因果关系；第三个则是历来备受争议的一个问题，即全要素生产率的测算问题。此外，本书还需要将其用到企业层面，测算企业的全要素生产率。针对以上三个问题，本书需借助以下实证方法：

（一）经济不确定性的测算——基于 FAVAR 框架

本书按照 Jurado et al（2015）提出的方法，基于 FAVAR 框架测算了中国经济不确定性指数，但这里的经济不确定性指数测度的是实体经济本身的不确定性。

经济不确定性的相关研究可以分为两大类，即实体经济不确定性与经济政策不确定性（Baker et al，2016）。现有研究认为，前者是指实体经济层面的冲击所导致的不可预料的波动或风险，后者则是指因为宏观调控部门经济政策变动而产生的不能预先计算与评估的风险（陈乐一、张喜艳，2018）。从严格意义上来讲，经济不确定性是一个不可观测变量，已有研究用测算出来的经济波动性或者风险作为经济不确定性的代理指标，而经济不确定性应该是指波动或者风险中不可预料的部分，这些代理变量存在对经济不确定性的高估。在构建指数的过程中，这些波动性指标之间存在显著的独立波动性。如果通过简单的加权来构建综合指数，表明这些波动之间并不存在一个共同的驱动因子，他们的波动也不是由经济不确定性所共同驱动的。更严重的是，这种将波动性或者风险作为代理指标的做法，与我们通常所理解经济不确定性的涵义完全背离。例如，当经济基本面进入一个稳定期时，即便经济不确定性可能没有发生任何变化，部分市场的波动性或者风险，仍然会随时间而变化。这种变化甚至不依赖于经济不确定性的变化，因此这种代理指标的处理方式在经济平稳期会陷入明显的悖论。

因此，为了合理度量实体经济不确定性，我们首先需要解决的问题就是按照经济不确定性的严格定义，剔除掉代理指标中的可预测部分。Jurado et al（2015）首次尝试了这种指数构建思路，他选择多个经济序列指标，分别测算每一个经济指标不可预测的程度，并将其作为不确定性指数的构成部分。每个部分的不可预测部分根据 $U_{jt}^{y}(h) \equiv \sqrt{E[(y_{jt+h} - E[y_{jt+h} \mid I_t])^2 \mid I_t]}$ 得到。然后将其进行加权求和，作为经济不确定性指数 $U_t^y(h) \equiv plim_{N_y \to \infty} \sum_{j=1}^{N_y} \omega_j U_{jt}^{y}(h) \equiv E_w[U_{jt}^{y}(h)]$。指标构建过程中他们专注于测度某一序列的不可预测部分，在指数构建过程中剔除了指标中的可预测部分，然后基于 FA-VAR 框架进行信息汇总，最后得出一个不可预测部分的综合指数。Jurado et al（2015）测算出来的经济不确定性指数，由于剔除掉经济波动中的可预测部分，不仅具有更高的独立性，而且修正了现有指标对经济不确定性的高估，其经济不确定性小于经济波动本身，是对经济不确定性测量的较大改进。

（二）双重差分的识别策略，以及多元回归模型框架的逐步回归分析

国际金融危机的冲击对本书研究提供了非常好的自然实验，为识别分红决策与去杠杆之间的关系提供了有利的对照组实验环境。受国际金融危机影响，非国有控股上市公司经历了一波去杠杆进程，与国有控股上市公司在杠杆水平的变动方向上形成了显著分化。在以往的经验研究中，由于所选取样本中，杠杆水平及分红水平等因素在样本期间并不存在显著变化，仅通过国有企业部门杠杆率变化本身很难识别具体的规律，因此往往因为样本期间的不同而得出完全不同的结论，无法把握样本期间起到重要作用的变化因素，也弱化了相关理论的解释力。而本书选择了 2003—2015 年中国上市公司的样本，在这一研究样本期间内聚焦国际金融危机前后出现显著变化的因素，发现国际金融危机的冲击对本书研究企业分红与杠杆水平之间的关系提供了非常好的自然实验条件。一方面，国际金融危机的冲击提供了新的经验事实，如国际金融危机后，国有控股上市公司与非国有控股上市公司的分红行为出现分化，这给从传统委托代理视角来解释这种分化现象带来了挑战，如何解释这种分化呢，由此提出了分红“结构之谜”。另一方面，国际金融危机的冲击又为本书揭示分红“结构之谜”提供了全新的突破口，某些国际金融危机以前较为稳定或者变化缓慢的变量，因为国际金融危机的冲击而出现了较为剧烈的变化，某些不易考察的慢变量在短期内变成容易考察的快变量，这为本书识别企业分红与杠杆水平之间的关系提供了可能。

在具体的模型方法上，为了通过实证解释分红“结构之谜”，本书在利用双重差分（Difference in Difference）识别策略时，主要基于一个多元回归的模型框架，并在此基础上用了一点逐步回归分析（Step—wise Regression）的技巧。因为在解释分红“结构之谜”时，我们首先需要利用双重差分识别出分红的结构效应，根据模型中交乘项系数估计结果，即得到的分红结构效应测度结果，但测度出结构效应仅只能证明分红“结构之谜”的存在及其大小，并不能证明相关因素的解释力度。在此基础上，本书在多元回归的模型框架内，采用了逐步回归的分析技巧，通过重要因素的逐步引入，可以量化得到相关因素的具体解释力度。由此，本书得以发现杠杆水平变化这一因素的解释力，企业杠杆率的分化能解释分红结构效应的1/3。

（三）企业全要素生产率的测算——基于OP测算方法

本书选择了宏观经济增长领域常用的OP方法来测算企业的全要素生产率，OP方法的实质上是一种工具变量法，即将投资作为不可观测的生产率的工具变量，它与生产率相关，又与其它变量具有较好的独立性。另外，这种方法还有一个假设，假定投资和产出之间是一种严格单调的关系，投资为0不在考虑范围内，可剔除掉投资为0的观测值。但是，若剔除掉较大量的样本，容易导致样本选择问题，为了解决这个问题，Levinsohn和Petrin（2003）提出将中间投入作为生产率的代理变量，毕竟，中间投入观测值为0的情况比较少见，人们将这种方法也称作为LP方法。但实际上，LP方法并未完全解决样本选择问题，同时还会出现其它问题，比如出现中间投入的斜率为1的情况，这会视为一种无效情况。虽然两种方法都不完美，本着“两害相权取其轻”的原则，本书主要考虑OP方法，仅关注于样本中的样本选择问题。

考虑到我们使用的样本是2003—2015年的上市公司样本，在样本中企业的进入和退出比较频繁（平均每年超过10%的比例），而且企业之间异质性较大，因此样本选择问题是一个非常重要的问题，不同企业的生产率对于企业持续的要素投入的影响同样不可低估，因此选择OP方法是较为合适的。

第四节　研究框架及主要内容

本书研究框架及主要内容如图0—5所示，本书的研究框架遵循“提出问题”“结合我国经验事实”“问题拆解与分析”，再到“解决方案”的问题导向研究框架。

除了导论和结论以外，本书主要包括如下四个章节。第一章是我国杠杆率的结构性特征与“结构性去杠杆”，就“结构性去杠杆”政策思路的内涵、逻辑及现实路径进行了分析，奠定了本书的基本研究背景，旨在试图弄清当前经济的主要问题，并把握当前去杠杆的政策思路。第二章是经济不确定性与企业杠杆率分化，主要从经济不确定性的视角分析我国企业杠杆率分化的成因，还基于FA-VAR框架构建了我国经济不确定性指数（EU），并同时检验了经济不确定性与经济政策不确定性对企业杠杆率分化的不同作用，为营造结构性去杠杆的合适宏观环境提供了经验证据。第三章讲述企业杠杆率分化与上市公司分红“结构之谜”，是本书的核心章节，从企业分红的视角分析了企业杠杆率分化的结果，分析了企业去杠杆与分红之间的密切联系，勾勒出了上市公司通过分红策略的主动应变来缓解去杠杆的负面冲击这一现实图景。本书的经验证据将为企业以及宏观调控部门的应对策略提供重要的参考价值。另外，这一研究意味着，本书从企业杠杆率分化的视角，揭示了上市公司分红"结构之谜"，缓解了传统委托代理视角解释存在的逻辑不一致性。为揭示企业去杠杆与分红之间的密切联系，本书借助了双重差分的识别策略，以及多元回归模型框架下的逐步回归分析法。第四章讲企业去杠杆与企业全要素生产率，尝试从企业全要素生产率的角度评价企业去杠杆的成效，主要借助了OP方法来测度企业的全要素生产率，这部分将为高质量发展时期中国企业部门去杠杆提供一定的启示。

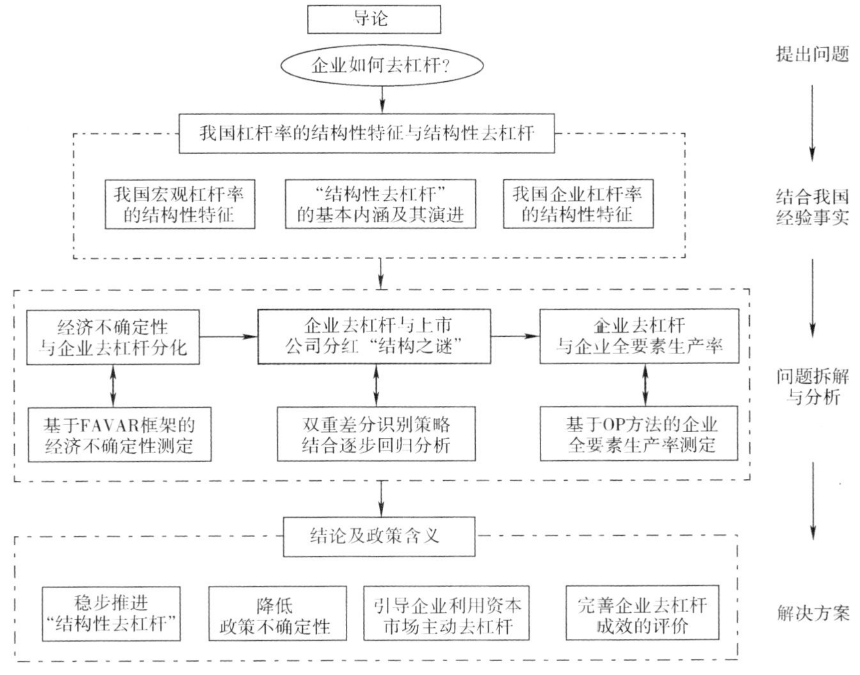

图0—5 本书研究框架及主要内容

第五节　本书主要贡献

本书围绕“企业如何去杠杆”这一核心问题，从企业杠杆率分化的成因，到企业杠杆率分化的结果，即去杠杆过程中企业可能如何应对，再到如何评价企业去杠杆成效，全面回答了企业去杠杆过程中的主要阶段性难题，并提供了可靠的经验证据。本书主要贡献在于如下几个方面：

1. 本书同时检验了经济不确定性与经济政策不确定性对企业杠杆率分化的不同作用，为如何营造结构性去杠杆的合适宏观环境提供有益的经验证据及政策参考。什么原因导致了企业杠杆率的分化，是现有很多研究聚焦的一个问题，在考察企业杠杆率分化的成因时，有研究注意到了不确定性的影响，但对经济不确定性的代理指标存在一定争议。本书根据奈特指出的不确定性的不可预测特征，并基于FAVAR框架测算了我国经济不确定性指数（EU）。结果发现经济不确定性与经济政策不确定性不仅在定义上存在明显区别，具体走势上也呈现出不同的趋势与特征。本书同时检验了经济不确定性与经济政策不确定性对企业杠杆率分化作用，发现二者存在截然相反的作用，国际金融危机以后，国有企业杠杆率上升的背后，实际上是经济不确定性的下降，这也意味着企业杠杆率的分化并不能归因于经济不确定性的上升，这与经济政策不确定性的传统观点有所不同。更重要的是，经济不确定性的变化虽然可以预测企业的杠杆率行为，但它并不是一个可操作的变量，这也是与经济政策不确定性有所不同的关键之处。

2. 本书注意到企业杠杆率分化与分红行为之间的密切联系，并首次提出上市公司分红"结构之谜"，而企业杠杆率的分化能较好地解释这一谜题。现有文献主要从委托代理成本的角度对企业分红行为进行解释，对于"国际金融危机前后国有控股上市公司和非国有控股上市公司分红水平发生结构性扭转"这一经验事实，并没有引起足够的重视，而这一经验事实对这类研究提出了不小的挑战。事实上，现有研究往往将国际金融危机前后不同时期样本割裂开来进行分析，而国际金融危机前后国有控股和非国有控股上市公司分红水平的相对高低是完全不同的，因此研究结果通常表明不同时期样本提供的证据分别支持着两个完全对立的假说，且均能在各自样本区间内得到逻辑自洽的解释。然而，一旦将不同时期样本放在一起考察，这两个时期样本所支持的两种对立假说，必然会产生逻辑矛盾，也就更无法解释中国上市公司分红的"结构之谜"。本书将 Rozeff（1982）的分析框架拓展到比较静态分析的情形，较好地揭示了资本结构变化通过影响融资成本变化，从而导致国有控股和非国有控股上市公司分红水平发生结构性扭转的可能，即在委托代理成本不变的情况下，非国有控股上市公司资本结构中债务比重的相对下降，足够导致非国有控股上市公司分红水平提升到高于国有控股上市公司的水平。随后本书经过实证研究发现，企业杠杆率的分化能较好地解释企业分红的结构性变化，这意味着，非国有控股上市公司在国际金融危机以后经历的"去杠杆"过程，是中国上市公司分红"结构之谜"的重要成因。

3. 本书进一步研究了企业杠杆率分化对企业全要素生产率的影响，提出从企业全要素生产率的角度评价企业去杠杆的成效，为当前企业部门"去杠杆"提供了有意义的政策参考。笔者发现，非国有控股上市公司在国际金融危机后经历了一波成功的去杠杆过程，企业在去杠杆的同时，保证了全要素生产率的稳步提升，为经济增长质量作出了贡献。非国有控股上市公司"去杠杆"的成功，可部分归功于分红水平的提升。企业通过提升分红水平，既可以有效限制企业委托代理成本的上升，还能吸引投资者，提升企业在资本市场募集资金的能力。本书的发现意味着，对于当前中国企业部门杠杆率高企的问题，特别是国有企业杠杆率偏高的现象，适当增加国有企业权益资本比重是"去杠杆"的一个重要途径。如何增加国有控股上市公司的权益资本比重，除了进一步推进混合所有制改革，我们还需要注意在公司治理水平上进一步提升，提高上市公司分红水平，为资本市场直接融资创造有利条件。

4. 在研究方法上，本书将双重差分的识别策略，与多元回归模型框架下的逐步回归分析方法结合起来，为量化分红决策影响因素的解释力度提供了可能。为了通过实证解释分红"结构之谜"，本书在利用双重差分（Difference in Difference）识别策略时，主要基于一个多元回归的模型框架，并在此基础上结合了逐步回归分析（Step－wise Regression）的技巧。因为在解释分红"结构之谜"时，我们需要利用双重差分识别出分红的结构效应，根据模型中交乘项系数估计结果，即可得到的分红结构效应测度结果，但测度出结构效应仅能证明分红"结构之谜"的存在及其大小，并不能证明相关因素的解释力度。但如果将双重差分的识别策略与多元回归的模型框架下的逐步回归分析法结合在一起，通过在双重差分的回归模型中将重要因素逐步引入，就可以通过对系数变化的比较，得到相关因素具体解释力度的量化结果。

第六节 研究边界与局限

本书提出了上市公司分红“结构之谜”，并从杠杆水平变化的视角作出了合理解释。我们通过上市公司分红“结构之谜”，探讨去杠杆与企业分红之间的密切联系，为高质量发展时期中国企业去杠杆提供了政策参考。本书研究主要存在如下局限：

1. 现有研究主要关注与政治有关联的银行贷款渠道，本书则注意到经济不确定性可能通过股权融资渠道影响企业杠杆率，提供了有益的经验证据补充，但是这些都还是停留在“量”的渠道机制上，而经济不确定性还有可能通过股权融资成本或债务融资成本这类的“价格”渠道机制发挥作用。这类研究涉及债务融资成本与股权融资成本的核算，需要很多及时数据，目前暂时无法扩展研究，这也是本书未来需要继续突破的点。

2. 虽然国际金融危机的冲击对本研究提供非常好的“控制实验”机会，为识别分红决策与去杠杆之间的关系提供了可能，但本书在实证中所选取的样本代表性依然存在一定局限，本书仅选取了上市公司样本，这限制了本研究结论的适用范围。本书提出的有关企业去杠杆政策的路径选择对于非上市公司是否同样适用？比如非上市企业通过新三板等其他股权融资方式是否仍然能实现去杠杆？这无疑是一大疑问，也是笔者拟进一步研究的方向，在理论和政策研究层面都值得作出进一步的突破。

3. 本书在解释上市公司分红“结构之谜”时，虽然检验了诸多因素才找到杠杆水平的变化这一重要因素，且在本书的模型框架内这一因素的解释力远超过现有分红决策的影响因素的解释力，但从具体量化的解释力度来看，杠杆水平这一因素也仅能解释分红结构效应的1/3，其余的2/3是否能为其他更多因素所解释？又或许是因为模型的设定存在哪些局限导致还存在2/3的不可解释部分？是本书目前所不能回答的问题，也是本书的局限所在，当然也是值得进一步探讨的问题。

第一章

我国杠杆率的结构性特征与“结构性去杠杆”

第一节 我国杠杆率的结构性特征

早在2015年，中央就提出供给侧结构性调整，并将“去杠杆”作为2016年经济工作的五大任务之一。随着“去杠杆”的深入推进，人们对我国杠杆率的结构性特征有了更为深入的认识，针对这种结构性难题，需要采用结构性手段，因此中央又提出“结构性去杠杆”的新思路。这一新思路背后的基本内涵及其研究，对我国未来去杠杆现实路径的选择具有重要的指导意义。“结构性去杠杆”虽然是2018年4月首次提出，但早在2008年国际金融危机以后，我国企业杠杆率的结构性特征就已经开始呈现。事实上杠杆最早是企业微观层面的一个概念，一般也作为企业负债的衡量指标，但是2008年国际金融危机以后，人们发现债务或者杠杆成了一个普遍问题，宏观经济层面也开始把债务视为经济健康状况的一个重要指标。随着“去杠杆”成为当前宏观经济领域的重要议题，学界进行了很多重要研究，杠杆的结构性特征也逐渐得到人们的重视。

需要注意的是，虽然在过去两三年间中央没有明确提出“结构性去杠杆”的概念，但是“结构性去杠杆”的思路其实早有体现。例如，2017 年 7 月召开的全国金融工作会议就已经强调，“把降低企业杠杆率作为重中之重”，并且“严控地方政府债务增量，终身问责，倒查责任”，这与中央财经委员会第一次会议所提出的“结构性去杠杆”的核心目标是一致的，都把去杠杆的关键点锁定在了国有企业和地方政府上。

中国的杠杆率在不同部门之间以及各部门内部呈现明显的结构性特征，中央由此提出“结构性去杠杆”。

一方面，在企业部门、居民部门和政府部门三大部门之间，企业部门的高杠杆问题最为突出。国际清算银行（Bank for International Settlements，BIS）数据显示，截至 2017 年年末，中国企业部门的杠杆率为 160.3%，占三大部门杠杆率总和的 62.7%。而且，中国企业部门的杠杆率在主要经济体中位居首位，不仅显著高于新兴经济体，而且已经高于美、日、欧等发达经济体。

另一方面，各部门内部的杠杆率也呈现明显的结构性差异。从企业部门看，目前仍有 2/3 以上的企业债务集中在国有企业。根据 2018 年前三季度的数据[①]显示，其工业企业资产负债率有所上升，从 2017 年年末的 55.5%升至 56.7%。其中，私营工业企业加杠杆趋势明显，资产负债率从 2017 年年末的 51.6%上升至 56.1%；国有企业资产负债率出现下降，从 2017 年年末的 65.7%回落至 65.0%。

就政府部门而言，2/3 左右的政府债务集中在地方政府。数据

① 资料来源：国家资产负债表研究中心（CNBS）网站，http：//www. nifd. cn/Report/Details/1087。

显示，2018 年第三季度地方政府显性杠杆率相比第二季度有所上升，从 19.4%上升至 20.6%，单季上升了 1.2 个百分点。这主要是由于地方政府债券规模增长较快，第三季度地方政府债券增长了 2.0 万亿，前三个季度共增长了 3.3 万亿，与 2017 年同期的累计增长水平基本相当。

就居民部门而言，根据目前可得的 2018 年前三季度的数据显示，[①] 居民部门杠杆率仍在快速上升，从 2017 年年末的 49.0%上升到 2018 年第三季度的 52.2%，共上升了 3.2 个百分点，2017 年前三个季度居民杠杆率共上升了 3.8 个百分点，2018 年的增速略有放缓。目前，中国居民部门债务的 60%以上是房贷，它们主要由城市家庭尤其是一、二线城市的居民家庭承担。

就金融部门而言，与大银行相比，中小银行与非银行金融机构的高杠杆问题更为严重。不过存在一定的好转迹象，目前金融部门仍处在加速去杠杆中[②]。根据资产方统计口径杠杆率由 2017 年年末的 69.7%下降到 2018 年第三季度的 60.9%，下降了 8.8 个百分点。负债方统计口径杠杆率由 2017 年年末的 62.9%下降到 2018 年第一季度的 60.2%，下降了 2.7 个百分点。

中央所提出的“结构性去杠杆”新思路与当前中国杠杆率的结构性特征相匹配，为去杠杆指明了新的方向。不过，究竟何为“结构性去杠杆”？“结构性去杠杆”新思路与传统去杠杆思路有何本质区别？各部门具体应该如何推进“结构性去杠杆”？目前社会各界对

① 资料来源：国家资产负债表研究中心（CNBS）网站，http：//www. nifd. cn/Report/Details/1087。

② 资料来源：国家资产负债表研究中心（CNBS）网站，http：//www. nifd. cn/Report/Details/1087。

此的研究还不够深入，但是这些问题显然是至关重要的，因为只有尽快找到它们的答案，我们才能真正稳步推进“结构性去杠杆”。

中国人民大学中国宏观经济分析与预测课题组提出的《2018年中期中国宏观经济分析与预测》报告认为，中国整体杠杆率变化的分水岭是2008年全球国际金融危机的爆发。从宏观杠杆率[①]来看，2008年之前，中国的整体杠杆率并波动较小，特别是在2002—2008年间，仍然在140%至150%的范围内。可2008年之后，中国的整体杠杆率迅速上升，从2008年年底的141.3%上升至2017年年底的255.7%。进一步比较表明，中国的整体杠杆率水平不仅远高于新兴经济体的杠杆率（193.6%），甚至超过了美国等一些发达经济体（251.2%）。

第二节 “结构性去杠杆”的内涵、逻辑及现实路径

一、“结构性去杠杆”的内涵

为了应对中国杠杆率的结构特征，中央财政经济委员会于2018年4月2日召开的第一次会议首次提出了去杠杆的新思路，即“结构性去杠杆”。“结构性去杠杆”概念从字面上并不难理解，与传统

① 在宏观层面上广泛应用杠杆概念始于2008年的全球国际金融危机。这场危机的爆发使各界深刻意识到债务对经济运行的重要影响。国际货币基金组织（IMF）和国际清算银行（BIS）等国际机构主要使用“总债务/国内生产总值”来衡量一个国家的杠杆率。在本书中，我们在采用“总债务/GDP”的同时，还将以“部门总债务/部门总收入”或“部门总债务/部门总资产”作为补充来计算杠杆率，以更多、更清晰地呈现部门债务情况。

的去杠杆理念有关但是也存在一些不同之处。就联系而言，两者都有共同的指标，即杠杆率本身，而去杠杆意味着要么减少负债降低分子，要么增加资产提高分母。其差异主要体现在两个方面。首先，传统的去杠杆通常旨在降低整体杠杆率，没有把部门内部杠杆率的结构性差异考虑在内，而“结构性去杠杆”则更多地关注部门之间和部门内部的杠杆率的结构差异，是专门针对我国杠杆率的结构性特征而采取的思路。随着人们对杠杆率的结构性特征有了更深入的认识，“结构性去杠杆”的政策思路也会更加细化、更加精确。其次，也就是最关键的地方，传统的去杠杆往往伴随着经济的大幅波动，而“结构性去杠杆”通常还需要配合整体上的“稳杠杆”，杠杆可以在部门间重新配置，而不能过度追求整体去杠杆，我们需要尽量避免去杠杆过程中可能出现的波动，防止激化风险导致去杠杆适得其反，并通过“结构性去杠杆”与整体上的“稳杠杆”来实现防范金融风险的目标，最终实现高质量发展。

为加深对“结构性去杠杆”内涵的理解，我们需要澄清以下几个问题：

1. 杠杆全是坏的吗？

杠杆或者债务本身并不意味就是坏的，桥水基金曾用一个动画试图简单描述“好杠杆”与“坏杠杆”之间的区别。比如，两个人都从银行获得贷款，增加了自身的债务。其中一个人用贷款买了台拖拉机，从事生产，这比他过去手工劳作效率提高很多，很快粮食增产收入升高，还上了贷款，他还准备再贷款扩大自己的生产。但是另外一个人用贷款买了台电视机，在家闲着看电视，不仅没有提高生产，反而因为看电视耽误了生产，结果收入减少，还不起贷款。这两种情况形成了鲜明对比，对企业而言也是如此，有的企业可以利用贷款按计划扩大生产获得生产效益，而有的企业本身缺乏好的项目，被债务压得连利息都不能按时还上，只能用借新债还旧账的方式维持企业生存，人们将之称为“僵尸”企业。企业经营现金流连利息都还不上，这类融资行为被明斯基称作为“庞氏融资”①，是所有债务中最危险的，如果经济总债务里庞氏融资占比过高，会非常危险，甚至会触发整个金融市场的崩溃，为了纪念明斯基的这一洞见，人们将之称为“明斯基时刻”。至此，我们可以发现，经济发展实际上离不开借贷融资行为，也就离不开杠杆，但经济中庞氏融资过高是危险的，庞氏融资代表的也就是“坏杠杆”。从融资行为的特征来看，五大任务中的“去产能”和“去杠杆”其实要解决的就是“坏杠杆”。以前讲“去杠杆”，因为不能意识到“好杠杆”与“坏杠杆”之间的区别，人们容易将“去杠杆”理解成“一般性去杠杆”，随着“去杠杆”的深入，人们慢慢认识到“去杠杆”其实更讲究“结构性去杠杆”，完全不依靠杠杆是无法获得经济发展的。面对杠杆，我们开始注意到企业杠杆，其中国企杠杆又更高，再然后，我们意识到国企中“僵尸”企业才是重点，所以这是一个随着认识的深入而不断更新的过程。

2.“稳杠杆”与“去杠杆”矛盾吗？

我们前面提到了“好杠杆”与“坏杠杆”的区别，但在实际操作过程中想要正确区分还是存在一些难度。很多债务融资行为都是面向未来，而未来又是充满不确定性的，一部分杠杆很难立即判断

① 还有两种债务相关的融资行为分别叫作“避险融资”与“投机性融资”。避险融资最安全，企业依靠未来的现金流能够偿还全部借款，也就是前面提到的好企业的那种融资行为。投机性融资则稍微有点风险，企业依靠现金流来偿还利息，但偿还不起到期的借款本金，就必须让债务延期才能支付本金。

它的好坏，因此很多时候还需要从整体上来把握，于是有了宏观上“稳杠杆”的说法。然后有人会说，杠杆稳下来以后就不会去杠杆，去杠杆的任务就告一段落了，这又陷入了新的误区。实际上我们现在就是整体“稳杠杆”，结构上仍然坚持“去杠杆”，“去杠杆”的任务并没有完成。

单纯整体去杠杆的思路也是有问题的，按照经济规律，杠杆上升是一种长期趋势，只有当杠杆上升失控的时候，或者经济中庞氏融资占比过高的时候，才会出现金融动荡的风险。从发达国家过去杠杆的变幻规律来看，大致存在一个三四十年的杠杆率周期，也有学者将其称为金融周期。随着经济的发展，融资模式与生产模式都发生了巨大的变化，下一个周期的峰值往往会超过上一个周期的峰值，从长周期来看，杠杆率攀升不可避免。同时，全面去杠杆是不可能的，但是我们又不能不警惕经济中蕴藏的风险，警惕庞氏融资那种“坏杠杆”，因此整体“稳杠杆”与“结构性去杠杆”才是合理搭配的选项。

3.“去杠杆”的难点在哪？

换句话说，也就是国有企业去杠杆的难点在哪？流行的观点认为，中国融资结构中因为过于依赖银行贷款这种间接融资模式，所以才导致了企业的高杠杆，或者似乎是国有企业更加偏爱银行贷款才导致了国有企业高杠杆的现象。实际上银行直接融资模式并不一定导致高杠杆，很多依赖银行体系的发达国家也并未出现过高的企业杠杆率，但依赖资本市场的融资体系也不一定就不会出现杠杆率过高的问题。根据资产负债表算出的最新数据显示，2017 年，以银行为基础的德国，企业杠杆率仅为 54.4%，而以市场为基础的英国、美国，企业杠杆率却分别高达 83.8%与 73.5%。所以，从根本上来讲，国有银行和国有企业存在的相关体制问题可能才是问题的关键，而这些问题通常更难解决，也是长期需要关注的难点。目前来看，如果以企业债务占实体经济部门总债务的比重来看，日、德、英、美基本是都在30%的水平。相比而言，中国企业债务占比为65%，是发达经济体的两倍还多。但是，中国企业债务里有六成是国有企业债务，大部分是并入了地方融资平台债务，如果将这部分债务调整到政府部门，中国企业杠杆率会与发达国家持平甚至更低。由此可见，我国杠杆率最大的问题在于地方融资平台和国有企业，在没有约束的情况下过度加杠杆。因此，融资结构不是关键，与此相关的体制问题才是关键所在，也是“结构性去杠杆”的真正难点所在。中国的杠杆之困实为体制之困。我国国有企业、地方政府与金融体系三位一体，这种体制具有政府兜底、刚性兑付、软预算约束、“政企不分”的特点，以及在信贷、税收、准入、退出等诸多方面具有“优待”。其所体现的“结构性优势”既带来了中国高速增长，也积累了大量风险。

4.“去杠杆”需要“宽货币”？

很多人认为去杠杆需要宽松的货币环境，持有这种观点的人某种程度上还带有“稳杠杆”的逻辑，出发点是好的，希望通过宽松的货币环境来缓解去杠杆带来的波动，所以通常不易发现其中的逻辑漏洞。但是，国家金融与发展实验室副主任、国家资产负债表研究中心主任张晓晶指出：“通过宽松货币环境实现完美去杠杆其实是一种误读”。他还指出，大家所总结的桥水基金提出的“完美去杠杆”，其实包含三个阶段，而不是三种可以单独使用的去杠杆方式。前一阶段是强制性市场出清，会出现糟糕的通缩式去杠杆。后一阶段是过度加大信贷刺激力度，导致糟糕的通胀式去杠杆。因此，强制性市场出清是完美去杠杆的前提，这个过程中一定会伴随着企业破产倒闭和债务清理，并导致经济收缩。因此，如果说当前去杠杆处于初始阶段，那么需要的是总体偏紧的货币环境，如果要规避经济剧烈波动的风险，那至少是稳健中性的环境，可以摸着石头过河，而不是一开始就错误地认为需要宽松的货币环境。

5. 房地产部门的杠杆究竟是“好杠杆”还是“坏杠杆”?

这个问题实际上是个有着较大争议的问题，但目前的流行观点似乎在指望，“结构性去杠杆”可以优先去掉房地产部门的杠杆，依据就是房地产挤占了大量实体经济资源。实际上，这种一边倒的观点，忽略了以下事实：

首先，即便发达经济体完全不进行新建房地产投资，银行新增信贷同样会集中于房地产融资。发达经济体房地产占国民财富基本上在50%以上，我国与房贷款相关的信贷约占银行信贷的40%，居民抵押贷款则只占20%左右。相比较而言，我国房地产所吸纳的杠杆率远低于发达经济体，并且就银行来说，居民抵押贷款仍是最安全的贷款。

此外，随着社会富裕程度提高，房地产在财富中的重要性会不断上升。以2010年为例，发达经济体房地产占国民财富（非金融资产加上对外净金融资产）的比重基本上。是50%以上其中，英国为57.4%，法国为61.3%，德国为55.8%，美国为42.2%，加拿大为51.4%；而我国2016年该项数据仅为37.5%。无论是从房地产所承载（吸纳）的杠杆率还是房地产占国民财富的比重看，我国都还处在一个不断上升的阶段。从这个角度而言，指望通过房地产价值缩水来去杠杆殊非正途。

二、“结构性去杠杆”的逻辑

从整体去杠杆，到企业去杠杆，到将国有企业降杠杆作为重中之重，再到提出“结构性去杠杆”，中央文件中对去杠杆问题的认识在逐步加深，预示着去杠杆会越来越聚焦，越来越精准，越来越接近防范金融风险的目标。从其背后的理论逻辑来看，防范金融风险是根本的考虑，高杠杆是金融脆弱性的根源，经济中旁氏融资占比过高，离所谓“明斯基时刻”也就越近，而这也是防范金融风险的底线所在。

自国际金融危机以来，全球实体经济部门杠杆率均呈现上升趋势，同样呈现出越来越明显的结构性特征，总体趋势是私人部门在降杠杆，政府部门在加杠杆，各种量化宽松的政策也是其中重要原因。这些似乎表明，为了渡过国际金融危机的难关，人们都走向了加杠杆的历程，难免可能会再次走向国际金融危机以前的道路。但实际上这还是与国际金融危机以前有所区别，这次加杠杆的是政府部门，考验的也是政府部门，这种难得的平衡，不管短暂与否，至少是可能的。

纵观全球，很少有国家能够在短期内实现去杠杆，总会慢慢经历一个杠杆率趋稳的过程，随着私人经济部门的复苏，政府部门的降杠杆才有可能启动，整体的去杠杆才有可能实现。因此，结构性去杠杆，实际上不止于中国，也是国际金融危机以后全球经济体的普遍选择。以美国为例，美国在国际金融危机之后，其居民部门杠杆率有了显著下降，但政府部门杠杆率因量化宽松政府购买的实施而大幅上升，新增的政府债务有利于美国经济企稳，我们可以看到美国是国际金融危机以后发达国家中难得出现积极复苏迹象的国家。

美国政府部门加杠杆，及时遏制住了整体杠杆率过快下降的势头，避免了出现像大萧条时期的那种深度衰退。随着美国经济的复苏，政府部门才开始慢慢去杠杆，从结构性去杠杆慢慢过渡到一种正常模式，这可以说是美国版的结构性去杠杆。

从理论逻辑上来看，结构性去杠杆杠的实质还是资源的配置，当前的具体表现就是杠杆的部门间配置。我们讨杠杆风险，更多体现的是杠杆率的错配以及由此引起的资源配置效率的下降，而不单纯在于杠杆率自身的高低。由于不同部门、不同主体运行效率与负债能力的不同，其承担风险的能力也会不同，我们在维持总杠杆率平稳的前提下，实现杠杆率内部结构的调整和优化，是可以实现杠杆率风险下降的。我们在前面已提到“好杠杆”与“坏杠杆”的一些标准，好的杠杆通常能够获得及时的现金流来偿还借款，而坏的杠杆则无法获得足够的现金流来偿还，杠杆如果配置到错的地方，也就难以获得足够的现金流，勉力维持的错配的杠杆也是最大的风险点，所谓的“旁氏融资”积累到一定程度后，将会影响到部门全局。即便有这样的标准，在实际操作上依然存在一些并不明确的地方，我们很多时候都是摸着石头过河，而部门间的杠杆调整基本还是有规律可循的，我们可以根据部门间的资源使用效率来进行判断。一个经济体需要合理利用杠杆来获得发展，是一个经济体金融发展程度和信用发展程度的标志，是一件好事。杠杆率反映了金融资源配置的合理程度，体现了金融服务实体经济的水平。好的杠杆率上升意味着更多的金融资源配置给了效率高的企业，实际上是与整个经济体的竞争力提高、生产率改善直接相关的。相反，坏的杠杆率上升意味着更多的金融资源配置给了效率低或无效率的企业，是与泡沫扩大、金融风险上升相伴随的。

总之，在总杠杆率不能很快实现下降的情况下，勉强整体去杠杆反而有害，而关注杠杆率内部结构的调整意义更为重大，结构性去杠杆从根本上讲还是要遵从市场规律，回归到资源配置上了。

三、"结构性去杠杆"的现实路径

基于我国杠杆率的结构性特征，针对部门之间和各部门内部杠杆问题的不同，针对各个部门存在的问题，目前"结构去杠杆"通常包括了如下现实路径：

1. 企业部门：国有企业是企业去杠杆中的重点部门，而僵尸企业和过剩产能无疑又是国有企业中的重中之重。目前，企业部门是中国杠杆率最高的部门，超过 2/3 的企业债务是国有企业债务。因此，企业部门去杠杆的核心是国有企业去杠杆。而国有企业去杠杆的根本问题还在体制，这是一个长期问题，不可能一蹴而就，需要长期部署、稳步推进。首先，加快清理僵尸企业和过剩产能，加强兼并重组，让市场清理机制发挥作用，破除国有企业的结构性的优势，向竞争中性靠拢。其次，稳步推进国有企业债转股。新一轮债转股应严格禁止"僵尸"企业作为目标企业，主要通过市场化方式完成债转股，帮助企业改善治理结构，恢复盈利能力，从而真正实现去杠杆的目的。再次，加强对国有企业借贷行为的控制和约束，这不仅可以限制增量债务的产生，而且可以促使国有企业加快化解存量债务去杠杆的进程，破除兜底幻觉，硬化约束，推进杠杆率风险的市场化分担。最后，未来的改革方向要以市场经济为基本的原则、信仰，并以此来约束、规范、调整政府的行为，实现市场在资源配置中的决定性作用。

另外，企业去杠杆的重点虽然在于国有企业，但仅仅关注国有企业本身并不能准确掌握企业去杠杆的情况，还需要关注民企融资渠道的优化。比如2017年非金融企业部门首次实现杠杆率的下降，下降了1.3个百分点。从结构来看，2017年国有企业部门杠杆率比2016年下降了0.4%，虽然有所下降，但是下降速度明显不如非国有企业部门杠杆率的下降速度快，国有企业部门杠杆依然保持着较高比重，对企业部门杠杆的结构调整贡献依然有限，距合理配置"好杠杆"与"坏杠杆"的要求仍然有一定距离。因此，我们还需要关注民企融资渠道的完善，2018年中央多次提出完善民营企业融资渠道，不能继续挤出原本不高的非国有企业部门的杠杆。

应当强调的是，不同地区、不同行业的国有企业杠杆率也存在明显的结构性差异。因此，在去杠杆过程中，不同地区、不同行业的国有企业也应按照主次顺序来进行。

2. 居民部门：控制居民部门杠杆率过度增长的势头。住宅部门快速持续杠杆化的主要目的是购买住房。在传统住房贷款受到限制的情况下，购房者不断寻找新的借钱买房方式。鉴于此，控制均码部门杠杆率上升趋势的核心是防止信贷以各种形式隐性流入房地产市场。自2017年以来，中央银行和多个省份出台相关政策，严格检查"消费贷款""经营贷款""信用贷款"，防止信贷资金非法流入房地产市场。即便如此，家庭消费贷款余额的增长率仍明显高于企业经营贷款余额和各项贷款余额的增长率，这也反映了信贷资金通过"消费贷款"违规流入房地产市场的现象。因此，要继续打击挪用消费贷款、非法透支信用卡等行为，严格控制个人贷款非法流入股市和住房市场。

3. 政府部门：重点是降低地方政府的杠杆率。为了顺利实现地方政府的去杠杆，以下几个方面的工作需要做好。一是针对存量债务，继续进行地方债务置换，延长地方政府债务偿还期限，降低债务利息，减轻地方政府短期集中偿债压力和债务利息负担。二是针对增量债务，规范地方政府融资方式，特别是限制地方政府以政府投资基金、专项建设基金、政府采购服务、PPP 等形式增加隐性债务。三是切实转变地方政府考核制度，推动各级政府官员树立正确的绩效观，防范地方政府官员举债晋升。值得注意的是，不同省份的地方政府杠杆率存在明显差异，因此地方政府去杠杆的过程应遵循结构性去杠杆的原则。

4. 金融部门：继续加强监管，推进金融监管从分业监管向职能监管转变，推动金融去杠杆进程。自 2016 年以来，银监会、保险监督管理委员会、证券监督管理委员会等部门加大了金融监管力度，出台了大量促进金融去杠杆的政策性文件。银行业监督管理委员会于 2017 年 3 月至 4 月发布了确认计划。这些政策取得了一定成效，初步遏制了金融体系乱杠杆的局面。但是，我国金融监管面临的根本问题不是单一监管机构监管政策不完善，而是混业经营与分业监管的矛盾。一方面，对于同类业务，不同的监管部门重复监管，监管标准不统一，可能引发监管套利。另一方面，出现了越来越多的新业务和新模式，由于监管职责不明确，不同的监管部门可能存在监管真空。如果不能从根本上解决分业监管与混业经营的矛盾，即使各部门继续出台各种新的监管政策，也很难避免重复监管和监管真空问题。为提高混业经营环境下的监管效率，我们应尽快从分业监管向功能监管转变。与分业监管相比，功能监管不仅可以避免同类业务的重复监管或监管标准不一致，而且可以及时处理金融创新过程中协调不到位、新出现的问题所造成的监管缺位，避免监管真空，更好地促进金融去杠杆作用。

第二章

经济不确定性与企业杠杆率分化

第一节　研究假设的提出

2008年国际金融危机以后，经济不确定性的话题备受关注，在经济不确定性的影响下，企业去杠杆分化逐渐成为国际金融危机后中国经济的典型事实。已有研究注意到经济不确定性是企业去杠杆分化的重要成因，但在经验研究中却较难获得经济不确定性的代理指标，因此常常将经济政策不确定性作为经济不确定性的代理指标，而这二者具有明显不同的经济内涵，甚至在经验证据方面，对企业杠杆率具有截然相反的影响。

目前使用较为广泛的经济政策不确定性指数（EPU指数）均来自于Baker et al（2013）的测算，他对EPU指数的构建方法更多反映的是人们对经济政策不确定话题的讨论热度，并不是政策本身不确定性的度量。虽然二者存在一定联系，但可以设想一种较为极端的情况，即人们因为政策的误解而凭空产生了不确定性，那么这就要归因于政策变化。虽然存在这样的问题，但因为数据的可得性，这些指数目前依然在学术界得到较大范围的使用。

张一林和蒲明（2018）较早发现了经济不确定性所导致的结构性去杠杆现象，但他们认为，结构性去杠杆不必然与所有制相关，而是更广义的“好杠杆与坏杠杆”这种结构性变化。他们认为，即使在一个不考虑企业所有制、没有政府干预的完全市场化环境中，在经济不确定性与银行债务融资模式的情况下，经济中也会自然出现“保留坏杠杆、去掉好杠杆”的结构性去杠杆现象。当经济不确定性较高时，对于一些资不抵债、缺乏自生能力的企业，银行不但不会对其提起破产清算，反而会进行债务展期，“僵尸”企业这种“坏杠杆”就会被保留下来；当经济不确定性较高时，对于一些具备偿债能力的正常企业，银行反而会对其实行信贷紧缩式的去杠杆，导致企业面临资金链断裂的风险。另外，他们还揭示出其中可能的一种机制，经济不确定性会扭曲银行的债务展期决策，由此造成僵尸企业僵而不死，经济不确定性由此扭曲了经济结构，导致反向的结构性去杠杆，即他们所说的“保留坏杠杆、去掉好杠杆”。基于银行债务融资的特性，只有当经济环境相对稳定时，银行才有充分的意愿执行“优胜劣汰”的去杠杆决策。

纪洋等（2018）经验研究的结论，从表面来看，与张一林和蒲明（2018）基本一致。他们用 2003—2014 年的经验数据检验了经济政策不确定性对企业杠杆率分化的影响，并从政府隐性担保的视角对影响机制进行了解释。纪洋等（2018）发现，经济政策不确定性会导致国有企业杠杆率上升、非国有企业的杠杆率下降，证明经济政策不确定性的上升是中国企业杠杆率分化的主要原因。他们虽然研究的主题都是不确定性，但他们所指涉的“不确定性”其实是不一样的东西。张一林和蒲明（2018）未作直接的经验数据检验，而主要通过数值模拟，实际的经济不确定性并不一定是传统所认为的在样本期间呈现一直上升的趋势，经济政策不确定性与经济不确定性在定义层面存在较大的区别，具体区别本书在后面“经济不确定性的测度”部分有详细介绍。因此，对于经济不确定性的内涵存在两种不同的观点，现有研究较难以对经济不确定性对企业杠杆率分化的影响形成统一结论。而本书认为，经济不确定性本身的趋势和特征，与经济政策不确定性的趋势和特征并不一样，也完全可能存在不一样的影响，经济不确定性本来应该导致经济普遍的去杠杆，但国有企业有可能因为政策保护才得以避免去杠杆，那么真正导致国有企业杠杆高实际上是经济政策不确定性，这也是纪洋等（2018）的主要结论，本书也认可，但经济不确定性本身可能存在完全不同的影响，在控制了经济政策不确定影响以后，经济不确定性很可能倾向于弱化企业杠杆率的分化。因此，本书大胆提出如下假设：

假设1：经济不确定性与经济政策不确定性对企业杠杆率分化存在截然不同的影响，经济政策不确定性的提高会加剧企业杠杆率的分化，经济不确定性的提高则倾向于弱化企业杠杆率的分化。

在影响渠道的检验方面，现有研究主要基于我国金融抑制的基础环境，假设企业的融资来源主要来自于债务融资，没有考虑股权融资的影响，如纪洋等（2018）认为虽然企业外部融资来源包括了债务融资与股权融资，但是直接融资在中国并不发达，因此直接考虑企业的外部融资主要依赖于银行贷款，并未考虑近来来中国资本市场的变化及现状。笔者认为虽然我国的资本市场长期比较弱，绝大多数企业较难通过上市募集资金，债权融资依然是融资的主要方式，但股权融资规模其实也比较可观。目前中国股市总市值/GDP的比值为72%左右，虽然还不及美国100%－120%的比值，但也不是完全可以忽略的部分。纪洋等（2018）检验了通过政治联系影响债务融资，进而影响企业杠杆率的渠道机制，本书则提出检验股权融资渠道对企业杠杆率的影响。如果债务资源是有限的，杠杆在不同企业之间的配置可以视为一种零和博弈，而一旦考虑股权融资，那么将完全改变杠杆在企业之间的配置，将由零和博弈转变成为一种非零和博弈，能通过股权融资获得资金的企业，必然降低对债务融资的依赖，通过股权融资降低企业的杠杆率。当经济不确定性升高时，企业将更加依赖股权融资渠道来降低，这样企业的杠杆率会更低。因此，本书提出如此假设。

假设2：在存在股权融资渠道时，经济不确定性会更加弱化企业杠杆率分化趋势。

第二节 研究设计与数据来源

一、实证策略

为检验经济不确定性对企业杠杆率分化的影响，我们需要识别经济不确定性对国有企业和非国有企业是否存在不同的边际影响。本书与纪洋等（2018）的模型设定思路一致，基于 Dewenter & Malatesta（2001）的多元回归框架，引入所有权性质和经济不确定性的交乘项，基准模型设定如下：

$$Lev_{i,t+1} = \alpha_i + \beta_1 EU_t * SOE_i + \beta_2 EU_t + \beta_3 GDPgrowth_t + \beta_4 Control_{i,t} + \beta_5 yq_t + \varepsilon_{i,t+1}$$

其中，下标 t 表示的是季度，$Lev_{i,t+1}$ 是被解释变量企业杠杆率，由季度末的总负债除以总资产得到。EU_t 是经济不确定性指数，本书将测算得到的月度经济不确定性指数通过月度算术平均或者月度加权平均计算得到季度不确定性指数。$EU_t * SOE_i$ 则为经济不确定性与所有权性质的交乘项，用于捕捉经济不确定性对国有企业与非国有企业杠杆率的异质性影响。$GDPgrowth_t$ 为 GDP 环比增速，需经过季节调整处理。$Control_{i,t}$ 为本书选取的企业层面的控制变量，包括有形资产占比、资产收益率、企业规模以及销售额同比增速。α_i 代表企业层面的固定效应，yq_t 为季度时间虚拟变量，控制时间趋势的影响，$\varepsilon_{i,t+1}$ 为误差项。

该模型设定为一个面板固定效应模型，为了缓解变量之间互为因果导致的内生性问题，本书参考纪洋等（2018）的做法，在模型设定中将解释变量滞后一期。另外，为避免残差可能存在的横截面或者序列相关性，本书采用面板模型的常用处理办法，将回归的标准差聚集到企业层面、行业层面以及季度层面。

为了比较经济不确定性与经济政策不确定性对企业杠杆率可能存在的不同影响，本书尝试将二者同时纳入回归模型。纪洋等（2018）虽然考虑到经济不确定性本身的影响，但仅作为控制变量引入模型，作为稳健性检验进行讨论，在选取指标方面，将 GDP 增速预测的均值以及标准差作为代理指标，前面也提到这是一个包含混淆因素的代理指标，纳入经济政策不确定性变量的模型设定如下：

$$Lev_{i,t+1} = \alpha_i + \beta_1 EU_t * SOE_i + \beta_2 EU_t + \beta_3 EPU_t * SOE_i + \beta_4 EPU_t + \beta_5 GDPgrowth_t + \beta_5 Control_{i,t} + \beta_6 yq_t + \varepsilon_{i,t+1}$$

在渠道分析中，本书将检验股权融资以及企业所在地金融抑制程度的影响。股权融资主要选用的增发和配股融资情况，属于股权融资的增量数据，相关季度数据同样来自于国泰安 CSMAR 数据库。

在衡量企业所在地的金融抑制程度时，本书参考纪洋等（2018）的做法，采用樊纲等（2011）编制的分省市场化指数，里面包括了金融部门市场化指数、贷款市场化指数①以及银行竞争程度指数②。

另外，纪洋等（2018）发现经济政策不确定性对企业杠杆率分化具有重要影响，本书还需要对经济政策不确定性的影响加以考虑。一方面，为了更加准确地识别经济不确定性对不同所有权性质企业杠杆率的影响，我们需要控制经济政策不确定性的影响。另一方面，纪洋等（2018）在分析经济政策不确定性对企业杠杆率分化的影响时，虽然考虑到了需要排除经济不确定性的影响③，但并没有关注到这种经济不确定性与经济政策不确定性存在完全相反的影响。纪洋等（2018）选取的经济不确定性指标是GDP增速预测的均值以及标准差，并认为经济增速预期越低，经济不确定性越大，标准差越大则前景判断的分歧越大，则经济本身的不确定性也越大，这种定义混淆了不确定性与风险或者波动性之间的区别。

二、数据与样本

为了保证样本时间序列的长度，本书选取了上市公司季度数据进行研究。企业层面变量的相关数据，均来自国泰安CAMAR数据库。为检验经济不确定性与经济政策不确定性对企业去杠杆的不同影响，我们首先测度中国经济不确定性指数（EU），还整合了经济

---

① 樊纲（2011）用非国有企业获得贷款占比作为贷款市场化的衡量指标。

② 樊纲（2011）用非国有银行部门存款的市场份额作为银行竞争度的衡量指标。

③ 纪洋（2018）没有清晰细致给出他所认为的“经济不确定性”的定义，他在文中称之为经济本身的不确定性，但实际上用的是经济波动性的指标，虽然经济不确定性对GDP具有负面影响，但这种定义依然在不确定性与风险或者波动性之间存在混淆。

政策不确定性指数（EPU）与中国上市公司季度财务数据，经济政策不确定指数来自于 Baker et al（2013）。

Baker et al（2013）对 EPU 指数的构建方法主要根据文本分析来筛选，先将《南华早报》中包含“不确定性”“中国”“经济政策”关键词的文章筛选出来，然后统计每个月这类文章的总数，最后用报纸文章总数作标准化处理。因为指数的测量误差与 GDP 增速等实体经济指标不相关，具有较好的外生性，目前使用较为广泛。本书主要变量及相关描述性统计如表 2－1 所示。

表 2－1　变量描述

变　量	变量定义	观测值	均值	标准差
企业层面变量				
lev	杠杆率＝总负债/总资产 * 100	77771	47.04	24.31
tangible	有形资产占比＝固定资产/总资产	77771	0.244	0.175
size	公司规模＝总资产对数	77771	21.70	1.260
ROA	资产收益率	77771	2.672	4.562
growth	销售额同比增速	77771	27.62	67.38
zf	增发募集资金净额占总资产比例	78984	0.399	3.613
pg	配股比例	80033	0.004	0.042
宏观时间序列变量				
EU1	经济不确定指数（月度算术平均）	48	66.00	13.49
EU2	经济不确定指数（月度加权平均）	48	65.97	13.52
EPU1	经济政策不确定指数（月度算术平均）	48	143.8	68.16
EPU2	经济政策不确定指数（月度加权平均）	48	141.9	71.04
gdp	GDP 季度环比增速	48	9.233	2.278
省级层面变量				
fin market	金融部门市场化指数（2005）	31	7.928	1.942
loan market	贷款市场化指数（2005）	31	9.172	2.318
bank market	银行竞争程度指数（2005）	31	7.115	2.329

三、经济不确定性及其测度

国际金融危机以来，经济不确定性备受关注，关于不确定性的概念不可避免地出现了一定程度的混淆，好在还能按照某种框架进行一定程度的区分，陈乐一和张喜艳（2018）注意到现有关于经济不确定性概念讨论存在的区别，将其分为实体经济不确定性和经济政策不确定性。并将其进行综合，本书则认为这种综合意义有限，虽然有利于通过整体评估来把握经济整体存在的不确定性，但对影响机制的研究是不利的，将再次导致加深相关实证研究中的混淆。因此，我们在说经济不确定性在日益加深时，更多的是指经济政策不确定性的加深。为了应对经济下滑，出台经济政策，但从实体经济的可预测程度来看，实体经济的不确定性并未明显增加，在某种程度上也意味着经济政策的有效性在下滑，这与相关研究的结论也是一致的。

最早区分“风险”和“不确定性”的是奈特①，奈特主要是通过“主观概率”和“客观概率”进行区分的。“风险”的概率是可以预测到的，可以通过保险来转移。而“不确定性”则是客观概率，完全不可知，利润之所以产生，也是因为不确定性的存在，而在完全竞争的确定性环境下，是没有利润的，企业家的才能也主要体现在如何应对不确定性上。部分研究没有注意到不确定性与风险之间的区别，将波动性这些可预测的风险测度指标作为不确定性的代理变量，这种处理方式将风险视为不确定性的。现代经济金融对风险是可以处理的，核算出的保费就是对风险的度量，如果市场波动能

---

① 弗兰克·H. 奈特：《风险、不确定性与利润》，商务印书馆 2006 年版。

通过模型度量，那么这些就是风险，可以通过风险管理应对，也就不是严格意义上的不确定性，因此抓住“不可预知”的特点才是对不确定性的合理度量，排除可以预知的风险，不确定性就是不可预知的部分。根据这个定义，在模型操作层面，不确定性自然就是尚未被模型预测到的部分。

经济不确定性并不可观测，虽然利用可观测指标来测度潜在的经济不确定性并非不可能，但现有测度方法常常导致一个问题，就是即使潜在的经济不确定性以及经济基本面不发生任何变化，这些测度指标依然会随时间而变化，例如利用债券市场收益率波动推知企业利润、债券收益和生产率的代表性离差等测度方法（Caballero & Pindyck，1992；Driver & Moreton，1991；Goldberg，1993）。这些关于不确定性的测度，研究聚焦于不确定性的波动性特征，将经济变量的波动性作为不确定性的代理指标，但是忽略了不确定性本身具有的、也更为重要的不可预测特征，这种测度方法可能导致较为严重的测量偏误[①]。在忽略不确定性本身的不可预测特征的同时，过去的研究还混淆了波动性与不可预测之间的区别，错误地认为波动性同时代表了不确定性所具有的不可预测特征，忽略了经济序列本身的波动性是可以预测的这一事实。

另外，这种测度方法，还存在“因果倒置”的谬误，它将不确定性所导致的结果作为不确定性的代理变量。虽然不确定性会导致经济变量在特殊时期出现异常波动，但是即便在平常时期，在没有出现较大不确定性的突发事件时，经济变量本身也会出现波动，这种平常时期的波动显然并不意味着不确定性也出现了波动。即便这

① 由于对不确定性的测量偏误，使得在定量估计不确定性所产生的影响时，进一步导致偏误。

种测度方法能反映特殊时期不确定性的波动异常，却无法反映平常时期不确定性的变动情况。

Jurado et al（2015）较早地注意到这些问题，他提出的测度方法更加关注于不确定性的不可预测性特征，他选择多个经济序列指标，分别测算每一个经济指标不可预测的程度，并将其作为不确定性指数的构成部分，然后将其进行加权求和，作为经济不确定性指数。

（二）经济不确定性的测度方法

本书参考 Jurado et al（2015）① 对不确定性指数的构建方法，首先将经济不确定性指数进行定义。

$y_{jt} \in Y_t =(y_{1t}, y_{2t}..., y_{N_yt})'$ 为本书所选取的用于预测各个指标预测值的向量的其中一个指标序列，将 y_{jt} 序列的条件波动率记为 $v_{jt}^{y}(h)$，根据条件波动率的算法，其具体形式如下：

$$v_{jt}^{y}(h) \equiv \sqrt{E[(y_{jt+h} - E[y_{jt+h} \mid I_t])^2 \mid I_t]} \qquad (2-1)$$

本书所要构建的经济不确定性指数（EU，*Economic Uncertainty*）可以通过对这些每个指标序列赋予权重 w_j 求得其加总的条件波动率。

$$ESAI_{t+h} \equiv v_t^{y}(h) \equiv plimN_{y\to\infty} \sum \sum_{j=1}^{N_y} w_j v_{jt}^{y}(h) \equiv E_w[v_{jt}^{y}(h)]$$

本书的基本计量经济学框架如下：

（1）基准预测模型

首先本书需要通过预测模型得到各个指标的预测值，以此替换（2—1）式中的条件均值，由此得到的残差项作为当前指标不可预测

---

① 该方法能较好地解决常用的波动性或者风险等代理指标对经济不确定性的高估，更接近对经济不确定性本身的测度。

的部分，也是本书经济不确定性指数（EU，Economic Uncertainty）的估算基础。本书选用的标准方法，K 个前定解释变量，这里记作 $K\times1$ 的向量 W_t，然后对以下标准模型进行估计：

$$y_{t+1} = \beta' W_t + \varepsilon_{t+1} \tag{2-2}$$

通过最小二乘估计，可以得到 y_t 序列下一期的估计值 $\hat{y}_{t+1|t}=\hat{\beta}' W_t$，这里的 $\hat{\beta}$ 是模型系数 β 的最小二乘估计结果。

（2）遗漏变量问题与共同因子

该模型可能会存在遗漏变量的问题，如可能遗漏的金融市场的信息。事实上，Stock & Watson（2006）对经济活动和金融市场收益率进行过大量模型预测，发现加入用较大规模的数据集估计共同因子时，模型的预测效果会得到明显提升。

为了解决这个问题，本书同样采用大量经济时间序列用 FA-VAR 模型得到少数几个共同因子，然后将其加入到标准模型中，提升对各个指标的预测值进行估计。预期遗漏变量问题能有效地通过加入共同因子得到缓解。

首先定义向量 $X_t=(X_{1t}, X_{2t}..., X_{Nt})'$，$X_t$ 已经通过取对数和差分等适当处理变成平稳序列，假设序列 X_{it} 包含共同因子 F_t，满足如下的形式：

$$X_{it} = \Lambda_i^{F'} F_t + e_{it}^X$$

这里 F_t 是一个 $r_F\times1$ 向量，是向量 X_t 的潜在共同因子，相应地，$\Lambda_i^{F'}$ 是 $r_F\times1$ 潜在共同因子的载荷，e_{it}^X 则是异质性残差向量。在一个接近的动态因子结构下，e_{it}^X 允许存在有限的横截面相关。重要的是，共同因子的个数 r_F 一定小于 X_t 的序列个数 N。

（3）加入共同因子的预测模型

我们将共同因子带入基准模型可以得到：

$$y_{jt+1} = \varphi_j^y(L) y_t + \gamma^F(L) F_t + \gamma_j^W(L) W_t + v_{j t+1}^y$$

由于因子具有自回归的动态结构，因此本书将该模型通过矩阵变换写成一个更紧凑的表达式，构成一个 FAVAR 结构：

$$\begin{pmatrix} Z_t \\ Y_{jt} \end{pmatrix} = \begin{pmatrix} \underbrace{\Phi^Z}_{qr\times qr} & \underbrace{0}_{qr\times q} \\ \underbrace{\Lambda'_j}_{q\times qr} & \underbrace{\Phi_j^Y}_{q\times q} \end{pmatrix} \begin{pmatrix} Z_{t-1} \\ Y_{jt-1} \end{pmatrix} + \begin{pmatrix} V_t^Z \\ V_{jt}^Y \end{pmatrix}$$

$$Y_{jt} = \Phi_j^Y Y_{jt-1} + V_{jt}^Y$$

$$E_t Y_{jt+h} = (\Phi_j^Y)^h Y_{jt}$$

预测误差项的方差为

$$\Omega_{jt}^Y(h) \equiv E_t[(Y_{jt+h} - E_t Y_{jt+h})(Y_{jt+h} - E_t Y_{jt+h})']$$

当 $h=1$ 时，

$$\Omega_{jt}^Y(1) \equiv E_t(V_{jt+1}^Y V_{jt+1}^Y{}')$$

当 $h>1$ 时，Y_{jt+h} 预测误差项的方差演进过程为：

$$\Omega_{jt}^Y(h) = \Phi_j^Y \Omega_{jt}^Y(h-1) \Phi_j^Y{}' + E_t(V_{jt+h}^Y V_{jt+h}^Y{}')$$

因此当 $h\to\infty$ 时，预测的结果是无条件均值，且预测误差项的方差是 Y_{jt} 的无条件方差。这意味着 Ω_{jt}^Y（h）随着时间间隔 h 的变长，偏离程度会越来越小。

本书所关心的 v_{jt}^y（h），就是预测模型残差项的标准差，即 Ω_{jt}^Y（h）的平方根。

$$v_{jt}^y(h) = \sqrt{1_j' \Omega_{jt}^Y(h) 1_j}$$

为了得到本书所关心的经济结构调整指数，我们需要对每个指标所计算的结构偏离程度取加权平均值：

$$U_{t+h} \equiv v_t^y(h) = \sum_{j=1}^{N_y} w_j v_{jt}^y(h)$$

（三）中国经济不确定性指数测度结果

根据以上测度方法，本书选取 56 个月度指标进行指数进行构建，具体指标选取详如表 2—2 所示。

表 2—2　经济不确定性指数（EU）构建指标选取

GDP 月度环比增速	出口额
第一产业 GDP 月度环比增速	出口增长率
第二产业 GDP 月度环比增速	进口额
第三产业 GDP 月度环比增速	进口增长率
经济景气指数	规模以上工业增加值增长率（%）
股市平均回报率	规模以上工业增加值增长率—国有及国有控股企业（%）
农林牧渔业市盈率（%）	规模以上工业增加值增长率—集体企业（%）
采掘业市盈率（%）	规模以上工业增加值增长率—股份制企业（%）
制造业市盈率（%）	规模以上工业增加值增长率—外商及港澳台商投资企业（%）
电力、煤气及水的生产和供应业市盈率（%）	工业生产者出厂价格涨幅（%）
建筑业市盈率（%）	工业生产者出厂价格涨幅—生产资料（%）
交通运输、仓储业市盈率（%）	工业生产者出厂价格涨幅—生活资料（%）
信息技术业市盈率（%）	房地产开发投资
批发和零售贸易业市盈率（%）	房地产开发投资—住宅
金融、保险业市盈率（%）	房地产开发投资（累计同比增长）（%）
房地产业市盈率（%）	房地产开发投资—住宅（累计同比增长）（%）
社会服务业市盈率（%）	货币和准货币（M2）
传播与文化产业市盈率（%）	货币（M1）
综合类市盈率（%）	流通中现金（M0）
财政收入	同比增长—货币和准货币（M2）
财政收入增长率	同比增长—货币（M1）
财政支出	同比增长—流通中货币（M0）

续 表

GDP 月度环比增速	出口额
财政支出增长率	CPI 月度指数
发电量	PPI 月度指数
固定资产投资	制造业采购经理指数
社会零售额	生产指数
社会零售额增长率	原材料库存指数
进出口增长率	从业人员指数

经济不确定性指数（EU）与 GDP 增速的趋势，如图 2—1 所示。2005 年第三季度到 2017 年第一季度，经济不确定性经历了国际金融危机期间的高点，2009 年第四季度出现一个小高峰，随后整体开始下降，直到 2015 年第一季度开始再次波动上升。从整体趋势可以看到，经济不确定性的高位震荡，导致 GDP 增速的剧烈波动，随着经济不确定性逐渐趋稳，我国经济增速也逐渐步入中高速增长的稳定区间，该指数能较好地描述我国经济环境的变化。经济不确定性指数（EU）与经济政策不确定性指数（EPU）走势的对比，如图 2—2 所示。从图 2—2 中可以看到二者走势存在较大差异，整体走势上，经济不确定性趋于下降，则经济政策不确定性趋于上升。国际金融危机以后，全球经济均很难见到过去的高速增长，经济增长的中枢均出现滑落，虽然大大小小的危机时有发生，但很难看到像国际金融危机那样的剧烈波动，因此经济不确定性的下降是符合逻辑的。而我们经常说的经济政策不确定性则不然，经济增速普遍下滑，给政府调控经济增加了巨大压力，特别是一些福利国家都寄希望于政府政策调控来复苏经济，以维持过去的福利水准，在这种背景下经济政策的不确定性必然增加，我们常说的不确定性日益增加，更多的是经济政策不确定性的增加。看到这两者的区别，对我们弄清

经济的规律具有重要意义。究竟是经济不确定性的影响导致了当前企业杠杆率的分化加剧，还是经济政策的不确定性加剧了企业杠杆率的分化？这是本章试图回答的核心问题，我们需要看到这二者之前的区别，经济不确定性指数的测度则提供了必要的经验研究基础。

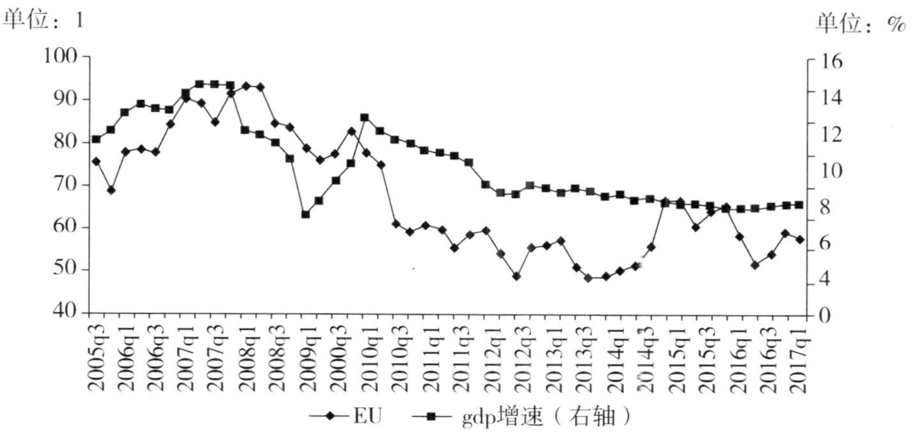

图 2—1　经济不确定性指数（EU）与 GDP 增速

从该指数的形态来看，经济不确定指数基本满足如下两个特点：

1. 逆周期性。经济不确定性的上升过程一般会伴随经济活动出现一定程度的衰退，只有当经济不确定性达到合理水平，如短期经济结构性失衡程度小，偏离均衡经济结构程度较小的情况下，经济活动才会复苏；或者通过一些结构性改革措施，消除经济中的扭曲因素，降低结构性扭曲程度，才能实现全要素生产率的提升。因此，本书所构建的不确定性指数应当与经济活动之间呈现一定的负相关关系，或者说经济不确定性指数具有一定的逆周期性。

2. 影响的持久性。与一般的冲击不一样，经济的结构性问题一般被认为具有一定的持久效应，对经济政策调整的要求更高。经济不确定性指数作为反应当前经济结构性问题严重程度的一项指标，该指数对经济活动影响的持久性是一个重要的参考指标。因此，本书在经济不确定性指数构建以后，检验该指数对经济活动的影响，结果发现具有明显的持久性，满足该条件，说明本书所构建的指数能较好地反应经济结构问题的情况。

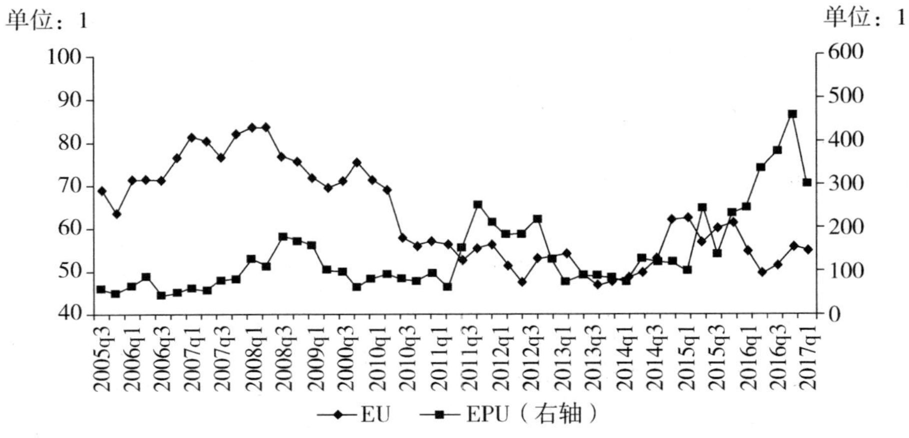

图 2—2 经济不确定性指数（EU）与经济政策不确定性指数（EPU）

第三节 实证研究结果

本书的基准回归结果如表 2—3 所示。因为本书测算的经济不确定性指数需要通过月度平均转化成季度观测值，所以月度算术平均的结果列在前四列，月度加权平均的结果列在后四列。从中可以看到这两种算法对各变量回归系数的估计结果存在一定的差异，但差异较小，可见不同的指数构造方法并不影响基准回归结果，因此我们主要分析前四列回归结果。第（1）列中没有考虑经济不确定性指数与所有权性质的交乘项，可以看到经济不确定性对企业杠杆率的总体影响并不显著，意味着经济不确定性本身并不能预测企业杠杆率的上升或者下降，这与经济不确定性本身的不可预测性实际上是相一致的。但是，鉴于加入交乘项以后的回归结果，第（2）列我们可以看到经济不确定性对企业杠杆率具有显著的异质性影响，但是与经济政策不确定性呈现出的正向影响不同（纪洋等，2018），我们发现经济不确定性对国有企业具有显著的负向影响。在国际金融危机以后，国有企业杠杆率上升的背后环境，实际上是经济不确定性的下降，这也意味着企业杠杆率的分化并不能归因于经济不确定性的上升，这与经济政策不确定性的传统观点有所不同. 最关键的是经济不确定性的变化虽然可以预测企业的杠杆率行为，但它并不是一个可操作的变量，这也是与经济政策不确定性有所不同的关键之处。更具体而言，如果经济不确定性指数（EU）每上升一个标准差，那么可以预期非国有企业的杠杆率将上升 0.85 个百分点，而国有企业的杠杆率将下降 0.98 个百分点，均近乎一个百分点的杠杆率变化[①]。第（3）列和第（4）列分别控制 GDP 环比增速以及其它企业层面的特征变量，结果依然稳健，表明经济不确定性对企业杠杆率存在显著的异质性影响，但与纪洋等（2018）经济政策不确定性的影响相比则呈现相反的影响。在控制了其它因素后，当经济不确定性指数（EU）每上升一个标准差，非国有企业的杠杆率将上升 0.46 个百分点，而国有企业的杠杆率将下降 1.26 个百分点。这意味着，一旦经济不确定性上升，反而可能会缓解当前企业杠杆率分化的局面，当前企业杠杆率分化的局面反而是在国际金融危机后经济不确定性降低的背景下产生，一旦经济

① 非国有企业的边际影响效应计算时，将系数值 0.0632 乘以经济不确定性指数（EU）的标准差 13.49，得到 0.85；国有企业的边际效应则为（0.0632－0.136） * 13.49，得到－0.98。

不确定性再次上升，国有企业部门可能将面临更大的去杠杆压力。

表 2—3　经济不确定性与企业杠杆率水平分化

变　量	lev（杠杆水平＝总负债/总资产）							
	指数处理：月度算术平均				指数处理：月度加权平均			
	(1)	(2)	(3)	(4)	(5)	(6)	(7)	(8)
EU	−0.00530	0.0632***	0.0463***	0.0374***	−0.00610	0.0640***	0.0474***	0.0645***
	(−0.50)	(5.46)	(3.47)	(2.83)	(−0.56)	(5.48)	(3.51)	(4.87)
SOE	4.157***	13.57***	13.59***	10.82***	4.157***	13.83***	13.85***	11.09***
	(7.39)	(17.59)	(17.61)	(14.89)	(7.39)	(17.94)	(17.96)	(15.27)
EU×SOE		−0.136***	−0.136***	−0.131***		−0.140***	−0.140***	−0.135***
		(−17.31)	(−17.34)	(−17.48)		(−17.78)	(−17.81)	(−17.99)
gdp			0.300***	0.396***			0.304***	0.295***
			(2.84)	(3.88)			(2.86)	(2.89)
tangible				16.95***				16.93***
				(21.28)				(21.26)
size				3.487***				3.487***
				(17.15)				(17.16)
ROA				−0.951***				−0.951***
				(−43.22)				(−43.24)
growth				0.00812***				0.00841***
				(10.66)				(10.99)
_ cons	45.41***	40.83***	39.18***	−37.46***	45.46***	40.78***	39.07***	−38.34***
	(60.01)	(50.36)	(40.36)	(−8.31)	(59.49)	(49.99)	(40.29)	(−8.52)
企业固定效应	Yes	Yes	Yes	Yes	Yes	Yes	Yes	Yes
年度固定效应	Yes	Yes	Yes	Yes	Yes	Yes	Yes	Yes
行业固定效应	Yes	Yes	Yes	Yes	Yes	Yes	Yes	Yes
观测值	77771	77771	77771	77771	77771	77771	77771	77771
R^2	0.760	0.761	0.761	0.788	0.760	0.761	0.761	0.788
F 统计量	27.45	121.1	92.41	402.0	27.50	126.9	96.73	403.9

注：1. 月度加权平均的权重设定参考 Gulen&Ion（2016）

2. ***、**、* 分别表示 1%、5%、10%的统计显著水平。

纪洋等（2018）认为经济政策不确定性是导致企业杠杆率分化的重要原因，而本书将测算得到的经济不确定性指数（EU）与经济政策不确定性指数比较后，也发现二者存在明显的区别，不能忽略在二者共同的作用下导致了企业杠杆率的分化。为了比较二者对企业杠杆率的不同影响，本书将二者一同纳入模型中进行检验，结果如表 2—4 所示。

表 2—4　同时考虑经济政策不确定性的影响

变　量	lev（杠杆水平＝总负债/总资产）			
	指数处理：月度算术平均		指数处理：月度加权平均	
	(1)	(2)	(3)	(4)
EU×SOE	−0.131***	−0.122***	−0.135***	−0.128***
	(−17.48)	(−16.15)	(−17.99)	(−17.01)
EU	0.0374***	0.0311**	0.0645***	0.0627***
	(2.83)	(2.35)	(4.87)	(4.75)
EPU		0.00150		0.000343
		(1.32)		(0.34)
EPU×SOE		0.00784***		0.00711***
		(6.27)		(5.99)
SOE	10.82***	9.153***	11.09***	9.672***
	(14.89)	(12.00)	(15.27)	(12.83)
gdp	0.396***	0.594***	0.295***	0.432***
	(3.88)	(5.40)	(2.89)	(3.99)
tangible	16.95***	16.89***	16.93***	16.89***
	(21.28)	(21.21)	(21.26)	(21.21)
size	3.487***	3.476***	3.487***	3.480***
	(17.15)	(17.09)	(17.16)	(17.12)
ROA	−0.951***	−0.953***	−0.951***	−0.951***
	(−43.22)	(−43.10)	(−43.24)	(−43.15)
growth	0.00812***	0.00798***	0.00841***	0.00826***

续 表

变 量	lev（杠杆水平＝总负债/总资产）			
	指数处理：月度算术平均		指数处理：月度加权平均	
	（1）	（2）	（3）	（4）
	（10.66）	（10.47）	（10.99）	（10.78）
_cons	−37.46***	−38.86***	−38.34***	−39.37***
	（−8.31）	（−8.61）	（−8.52）	（−8.74）
企业固定效应	Yes	Yes	Yes	Yes
年度固定效应	Yes	Yes	Yes	Yes
行业固定效应	Yes	Yes	Yes	Yes
观测值个数	77771	77771	77771	77771
R^2	0.788	0.788	0.788	0.788
F统计量	402.0	324.7	403.9	325.9

注：***、**、*分别表示1%、5%、10%的统计显著水平。

为便于比较，第（1）列为单独考虑经济不确定性的回归结果，与表2—3中第（4）列的结果是一样的，第（2）列即为同时考虑经济政策不确定性的回归结果。可以看到经济政策不确定性指数和所有权性质的交乘项系数显著为正，这意味着经济政策不确定性的上升会导致国有企业杠杆率的上升。具体而言，经济政策不确定性每上升一个标准差，将导致国有企业杠杆上升0.64①个百分点。这与纪洋等（2018）的结论相比，虽然数值上存在一定的差异，但是基本逻辑是一致的，即经济政策不确定性会加剧企业杠杆率的分化。纪洋等（2018）认为，由于国有企业具有天然的政治联系，当经济政策不确定性上升时，国有企业面临的不确定性会更小，承担的风险也要更小。本书则认为经济不确定性同样起到了不可忽视了作用，

① 经济政策不确定性指数的标准差为68.16，68.16 *（0.00784＋0.00150）得到0.64。

当国际金融危机过后，经济不确定性开始下降时，国有企业更容易获得相应的资源，杠杆上升得更快。第（3）列和第（4）列为不同指数处理方式下的回归结果，结论基本保持一致。

从某种程度上而言，没有国际金融危机期间经济不确定性的大幅上升，也不会有后来调控部门的大量政策干预，二者此消彼长，在共同作用下才形成了当前企业杠杆率分化局面。反过来，一旦经济不确定性上升，政策不确定性降低，企业杠杆率将呈现完全相反的局面。在政策层面上，我们要警惕这种局面发展得过于迅速，合理把握政策，掌握好企业去杠杆的时机。

在影响渠道的检验方面，现有研究主要基于我国金融抑制的基础环境，假设企业的融资来源主要来自于债务融资，没有考虑股权融资的影响。本书则认为虽然我国的资本市场长期比较弱，绝大多数企业较难通过上市募集资金，债权融资依然是融资的主要方式，但股权融资规模其实也比较可观。目前中国股市总市值/GDP 的比值为 72%左右，虽然还不及美国 100%－120%的比值，但也不是完全可以忽略的部分。纪洋等（2018）检验了通过政治联系影响债务融资，进而影响企业杠杆率的渠道机制，本书则提出检验股权融资渠道对企业杠杆率的影响。如果债务资源是有限的，杠杆在不同企业之间的配置可以视为一种零和博弈，而一旦考虑股权融资，那么将完全改变杠杆在企业之间的配置，将由零和博弈转变成为一种非零和博弈，能通过股权融资获得资金的企业，必然降低对债务融资的依赖，通过股权融资降低企业的杠杆率。

增发募集资金与配股募集资金两种方式的渠道影响如表 2－5 和表 2－6 所示。我们主要看交乘项 EU × SOE × zf，系数显著为负，与理论预期相一致。这意味着，随着经济不确定性的上升，企业可以通过股权融资降低杠杆率，这为企业去杠杆提供了可靠的经验证据。在表 2—6 中，交乘项 EU×SOE×pg 的系数同样显著为负，与理论预期相一致。

表 2—5 渠道检验：股权融资（增发募集资金）

变 量	lev（杠杆水平＝总负债/总资产）			
	指数处理：月度算术平均		指数处理：月度加权平均	
	(1)	(2)	(3)	(4)
EU×SOE	−0.130***	−0.121***	−0.134***	−0.127***
	(−17.40)	(−16.08)	(−17.91)	(−16.94)
EU	0.0379***	0.0317**	0.0652***	0.0634***
	(2.87)	(2.39)	(4.93)	(4.80)
EU×SOE×zf	−0.00321***	−0.00320***	−0.00320***	−0.00319***
	(−8.63)	(−8.61)	(−8.62)	(−8.58)
EPU		0.00148		0.000324
		(1.30)		(0.32)
EPU×SOE		0.00782***		0.00707***
		(6.26)		(5.96)
SOE	10.84***	9.173***	11.11***	9.693***
	(14.92)	(12.03)	(15.30)	(12.87)
gdp	0.400***	0.597***	0.299***	0.435***
	(3.93)	(5.43)	(2.92)	(4.02)
tangible	16.78***	16.72***	16.76***	16.72***
	(21.08)	(21.01)	(21.06)	(21.01)
size	3.511***	3.500***	3.511***	3.504***
	(17.27)	(17.21)	(17.28)	(17.24)
ROA	−0.951***	−0.952***	−0.950***	−0.951***
	(−43.18)	(−43.07)	(−43.21)	(−43.11)
growth	0.00813***	0.00798***	0.00842***	0.00827***
	(10.68)	(10.49)	(11.01)	(10.80)

续　表

变　量	lev（杠杆水平=总负债/总资产）			
	指数处理：月度算术平均		指数处理：月度加权平均	
	（1）	（2）	（3）	（4）
_cons	−38.01***	−39.40***	−38.90***	−39.92***
	（−8.43）	（−8.73）	（−8.65）	（−8.86）
企业固定效应	Yes	Yes	Yes	Yes
年度固定效应	Yes	Yes	Yes	Yes
行业固定效应	Yes	Yes	Yes	Yes
观测值	77771	77771	77771	77771
R^2	0.788	0.788	0.788	0.788
F统计量	367.1	303.4	368.9	304.4

注：***、**、* 分别表示1%、5%、10%的统计显著水平。

表2—6　渠道检验：股权融资（配股募集资金）

变　量	lev（杠杆水平=总负债/总资产）			
	指数处理：月度算术平均		指数处理：月度加权平均	
	（1）	（2）	（3）	（4）
EU×SOE	−0.131***	−0.122***	−0.135***	−0.127***
	（−17.46）	（−16.13）	（−17.98）	（−17.00）
EU	0.0373***	0.0311**	0.0645***	0.0627***
	（2.83）	（2.35）	（4.87）	（4.75）
EU×SOE×pg	−0.144**	−0.143**	−0.143**	−0.142**
	（−2.26）	（−2.26）	（−2.24）	（−2.24）
EPU		0.00150		0.000347
		（1.32）		（0.34）
EPU×SOE		0.00783***		0.00711***
		（6.27）		（5.99）
SOE	10.81***	9.147***	11.09***	9.666***
	（14.88）	（11.99）	（15.26）	（12.83）
gdp	0.399***	0.597***	0.298***	0.435***

续 表

变 量	lev（杠杆水平=总负债/总资产）			
	指数处理：月度算术平均		指数处理：月度加权平均	
	（1）	（2）	（3）	（4）
	（3.91）	（5.43）	（2.92）	（4.02）
tangible	16.95***	16.89***	16.93***	16.89***
	（21.28）	（21.21）	（21.26）	（21.21）
size	3.488***	3.477***	3.488***	3.481***
	（17.16）	（17.10）	（17.16）	（17.12）
ROA	−0.951***	−0.953***	−0.951***	−0.951***
	（−43.21）	（−43.10）	（−43.24）	（−43.14）
growth	0.00812***	0.00797***	0.00841***	0.00825***
	（10.65）	（10.46）	（10.99）	（10.77）
_cons	−37.51***	−38.91***	−38.39***	−39.43***
	（−8.32）	（−8.62）	（−8.53）	（−8.75）
企业固定效应	Yes	Yes	Yes	Yes
年度固定效应	Yes	Yes	Yes	Yes
行业固定效应	Yes	Yes	Yes	Yes
观测值	77771	77771	77771	77771
R^2	0.788	0.788	0.788	0.788
F统计量	357.8	295.6	359.5	296.7

注：***、**、*分别表示1%、5%、10%的统计显著水平。

本书还检验了市场融资约束的渠道影响，回归结果如表2—7所示，可以看到第一列中交乘项EU×SOE×fin和EU×fin系数显著为负，这表明市场融资约束会强化经济不确定性的边际效应，与纪洋等（2018）的结论是一致的。

表 2—7　渠道检验：市场融资约束（金融市场化程度）

变　量	lev（杠杆水平＝总负债/总资产）					
	指数处理：月度算术平均			指数处理：月度加权平均		
	(1)	(2)	(3)	(4)	(5)	(6)
EU×SOE	−0.0780***	−0.0560**	−0.161***	−0.0829***	−0.0616**	−0.165***
	(−3.04)	(−2.18)	(−8.52)	(−3.23)	(−2.41)	(−8.79)
EU	−0.0346	−0.0572**	0.103***	−0.00517	−0.0260	0.132***
	(−1.42)	(−2.28)	(4.92)	(−0.21)	(−1.04)	(6.35)
EU×SOE×fin	−0.00515*			−0.00528*		
	(−1.67)			(−1.71)		
EU×fin	0.00803***			0.00830***		
	(3.29)			(3.41)		
EU×SOE×loan		−0.00655**			−0.00659**	
		(−2.49)			(−2.51)	
EU×loan		0.00917***			0.00921***	
		(4.28)			(4.30)	
EU×SOE×bank			0.00528**			0.00514**
			(2.21)			(2.16)
EU×bank			−0.00989***			−0.00960***
			(−4.68)			(−4.54)
EPU	0.00150	0.00149	0.00150	0.000347	0.000336	0.000338
	(1.32)	(1.31)	(1.32)	(0.34)	(0.33)	(0.33)
EPU×SOE	0.00784***	0.00784***	0.00781***	0.00711***	0.00712***	0.00709***
	(6.27)	(6.28)	(6.25)	(5.99)	(6.00)	(5.97)
SOE	8.902***	8.579***	9.322***	9.413***	9.096***	9.834***
	(11.61)	(11.09)	(12.17)	(12.42)	(11.91)	(12.99)
gdp	0.594***	0.593***	0.591***	0.432***	0.432***	0.430***
	(5.40)	(5.39)	(5.38)	(4.00)	(3.99)	(3.97)
tangible	16.90***	16.91***	16.82***	16.90***	16.91***	16.83***
	(21.22)	(21.22)	(21.13)	(21.22)	(21.22)	(21.13)
size	3.473***	3.491***	3.488***	3.477***	3.495***	3.492***

续 表

变 量	lev（杠杆水平=总负债/总资产）					
	指数处理：月度算术平均			指数处理：月度加权平均		
	(1)	(2)	(3)	(4)	(5)	(6)
	(17.07)	(17.20)	(17.15)	(17.09)	(17.22)	(17.17)
ROA	−0.953***	−0.953***	−0.952***	−0.952***	−0.951***	−0.950***
	(−43.14)	(−43.14)	(−43.03)	(−43.19)	(−43.19)	(−43.07)
growth	0.00799***	0.00798***	0.00796***	0.00827***	0.00826***	0.00825***
	(10.48)	(10.47)	(10.45)	(10.79)	(10.78)	(10.76)
_ cons	−38.68***	−38.91***	−39.17***	−39.20***	−39.44***	−39.68***
	(−8.56)	(−8.62)	(−8.67)	(−8.69)	(−8.76)	(−8.80)
企业固定效应	Yes	Yes	Yes	Yes	Yes	Yes
年度固定效应	Yes	Yes	Yes	Yes	Yes	Yes
行业固定效应	Yes	Yes	Yes	Yes	Yes	Yes
观测值	77771	77771	77771	77771	77771	77771
R^2	0.788	0.788	0.788	0.788	0.788	0.788
F统计量	273.1	274.4	271.8	274.1	275.4	272.7

注：***、**、*分别表示1%、5%、10%的统计显著水平。

第四节　稳健性检验

在导致企业杠杆率分化的重要因素中，现有研究都指出“四万亿”刺激政策的重要影响。Bai et al（2016）在分析了“四万亿”庞大财政刺激政策实施过程后指出，“四万亿”刺激计划主要是通过地方融资平台来支持政府支出的，相较于非国有部门，国有部门更容易获得刺激计划提供的融资，更容易参加相关公共投资项目增加投资，这种投资刺激必然导致国有企业部门杠杆率的上升，加剧企业杠杆率的分化。Johansson & Feng（2015）和 Pan et al（2016）则更直接地认为，是“四万亿”导致了国际金融危机以后企业杠杆率走势的分化。因此，本书在检验研究结论的稳健性时，首先要考虑“四万亿”刺激政策的影响，在识别经济不确定性与经济政策不确定性的影响时，需要排除“四万亿”刺激政策的影响。

参考现有研究的做法，本书根据“四万亿”政策实行的时间，引入政策实行的时间虚拟变量，可以识别“四万亿”政策的影响。After2008q4 是时间虚拟变量，赋值为 1 表示时间为 2008 年四季度以后，这正是“四万亿”刺激政策开始的时间。

在表 2—8 中，本书列出了稳健性检验结果．从第（1）列系数估计结果可以看到，在控制了“四万亿”政策的影响后，本书的结论依然稳健，经济不确定性与经济政策不确定性对企业杠杆率分化的影响依然一致，只是参数大小略有变化。在控制了“四万亿”刺激政策的影响后，经济不确定性对国有企业部门杠杆边际影响结果略有修正，根据系数估计结果测算，经济不确定性每上升一个标准差，将导致国有企业部门杠杆率下降 0.88 个百分点①。

表 2—8　稳健性检验：考虑四万亿刺激政策

变　量	lev（杠杆水平＝总负债/总资产）					
	指数处理：月度算术平均			指数处理：月度加权平均		
	(1)	(2)	(3)	(4)	(5)	(6)
EU×SOE	−0.0726***	−0.115***	−0.105***	−0.0807***	−0.121***	−0.111***
	(−7.75)	(−15.22)	(−13.43)	(−8.57)	(−16.06)	(−14.25)
EU	0.00691	0.0278**	0.0228*	0.0396***	0.0594***	0.0545***

① 将估计系数与经济不确定性的标准差相乘，（−0.0726+0.00691）* 13.49 得到−0.88。

续 表

变 量	lev（杠杆水平＝总负债/总资产）					
	指数处理：月度算术平均			指数处理：月度加权平均		
	(1)	(2)	(3)	(4)	(5)	(6)
	(0.51)	(2.10)	(1.72)	(2.92)	(4.50)	(4.11)
After2008q4	−1.629***	−0.684*	−0.666*	−1.504***	−0.638*	−0.623*
	(−3.87)	(−1.92)	(−1.86)	(−3.56)	(−1.79)	(−1.74)
SOE×After2008q4 _	2.493***			2.340***		
	(7.16)			(6.68)		
Infrastructure×After2008q4		2.580***	0.101		2.563***	0.138
		(8.24)	(0.13)		(8.19)	(0.17)
Infrastructure×After2008q4×SOE			3.317***			3.245***
			(3.88)			(3.80)
EPU	0.00226**	0.00160	0.00174	0.000904	0.000422	0.000527
	(1.98)	(1.40)	(1.52)	(0.88)	(0.41)	(0.51)
EPU×SOE	0.00581***	0.00754***	0.00716***	0.00553***	0.00686***	0.00656***
	(4.69)	(6.04)	(5.74)	(4.69)	(5.78)	(5.54)
SOE	4.431***	8.598***	7.612***	5.134***	9.103***	8.117***
	(4.54)	(11.15)	(9.90)	(5.26)	(11.94)	(10.69)
gdp	0.559***	0.576***	0.571***	0.402***	0.418***	0.413***
	(4.85)	(4.99)	(4.96)	(3.51)	(3.65)	(3.61)
tangible	16.90***	16.75***	16.74***	16.90***	16.75***	16.74***
	(21.22)	(21.05)	(21.08)	(21.22)	(21.04)	(21.08)
size	3.459***	3.493***	3.488***	3.465***	3.497***	3.492***
	(17.00)	(17.17)	(17.17)	(17.04)	(17.19)	(17.20)
ROA	−0.949***	−0.952***	−0.951***	−0.947***	−0.951***	−0.950***
	(−42.97)	(−43.09)	(−43.06)	(−43.01)	(−43.13)	(−43.10)
growth	0.00793***	0.00797***	0.00797***	0.00822***	0.00826***	0.00825***
	(10.41)	(10.46)	(10.46)	(10.73)	(10.77)	(10.77)

续　表

变　量	lev（杠杆水平＝总负债/总资产）					
	指数处理：月度算术平均			指数处理：月度加权平均		
	(1)	(2)	(3)	(4)	(5)	(6)
_cons	−35.48***	−38.61***	−37.91***	−36.24***	−39.20***	−38.52***
	(−7.73)	(−8.47)	(−8.31)	(−7.91)	(−8.62)	(−8.46)
企业固定效应	Yes	Yes	Yes	Yes	Yes	Yes
年度固定效应	Yes	Yes	Yes	Yes	Yes	Yes
行业固定效应	Yes	Yes	Yes	Yes	Yes	Yes
观测值	77771	77771	77771	77771	77771	77771
R^2	0.788	0.788	0.788	0.788	0.788	0.788
F 统计量	270.8	279.7	259.6	271.7	280.6	260.4

与此同时，根据 Bai et al（2016）的研究，“四万亿”刺激政策的资金主要投入到基础设施相关行业，部分国有企业行业并不一定与基础设施行业相关，因此，本书进一步控制基础设施相关行业，引入基础设施行业的交乘项 Infrastructure×After2008q4×SOE。第（2）和第（3）列中可以看到控制了基础设施行业的影响后，本书的结论依然稳健，经济不确定性与经济政策不确定性对企业杠杆率分化的影响依然一致，只不过参数大小有所变化，根据系数估计结果测算，经济不确定性每上升一个标准差，将导致国有企业部门杠杆率下降 1.11 个百分点①。

① 类似地，将估计系数与经济不确定性的标准差相乘，（−0.105＋0.0228）＊13.49 得到−1.11。

第五节 进一步讨论

经济不确定性与经济政策不确定性对企业杠杆率的影响是长期的，并不局限于某一个季度，为了识别二者对企业杠杆率的长期影响，本书增加不确定性变量的滞后期数，将交乘项的系数估计结果绘制成图。

本书测算的经济不确定性对国有企业部门杠杆率边际影响的长期效果如图 2—3 和图 2—4 所示。其中，纵坐标为交乘项的多期滞后的估计系数结果，横轴为滞后期数，上下线段区间为置信区间。从图中可以看到经济不确定性对企业杠杆率的分化具有长期影响效果，多数时期估计系数为负值，表明长期经济不确定性的上升并不

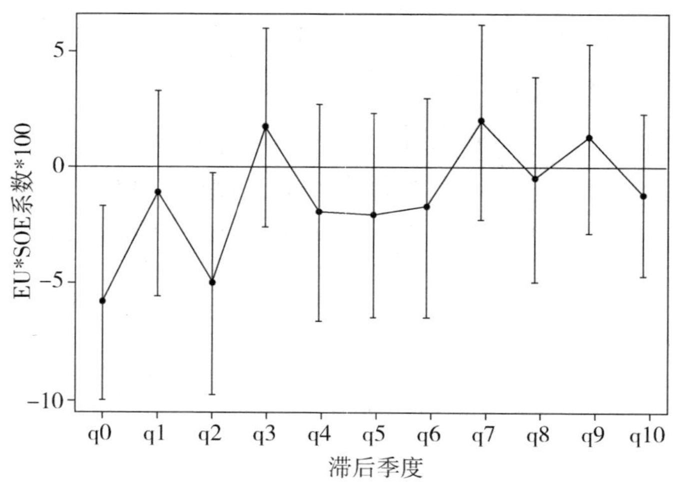

图 2—3 经济不确定性的长期效果：10 季度以内（指数以月度算术平均计算）

注：系数估计值的两端是 95%置信区间下可能取值范围。

会加剧当前企业杠杆率分化。在早期估计系数较大，即表明影响幅度较大，随后各季度期间效果减弱，再后期基本围绕在0附近形成一个震荡趋势，这意味着在长期经济不确定性对企业杠杆率分化的影响是双向的，经济不确定性的提升，在长期既会减弱这种分化，也会加剧这种分化。

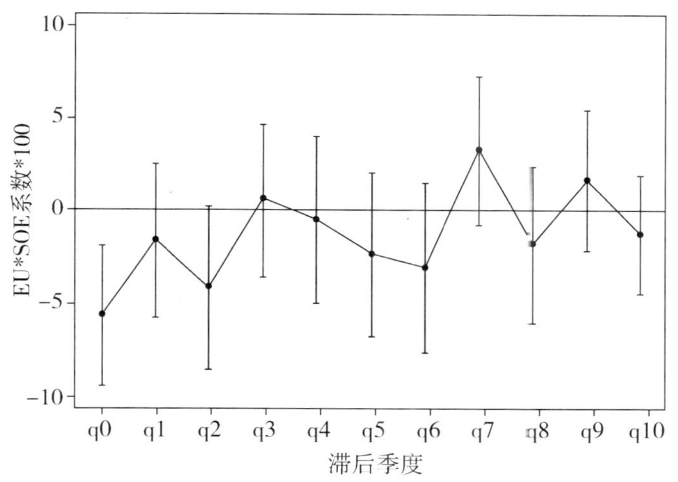

图 2—4　经济不确定性的长期效果：10 季度以内（指数以月度加权平均计算）

注：系数估计值的两端是 95%置信区间下可能取值范围。

经济政策不确定性对国有企业部门杠杆率边际影响的长期效果如图 2—5 和图 2—6 所示。类似地，从图中可以看到经济政策不确定性对企业杠杆率的分化同样具有长期影响，估计系数在多数时期为正值，这表明长期经济政策不确定性大多时候会加剧企业杠杆率的分化，这种影响在滞后多期后并不存在明显的衰减趋势。

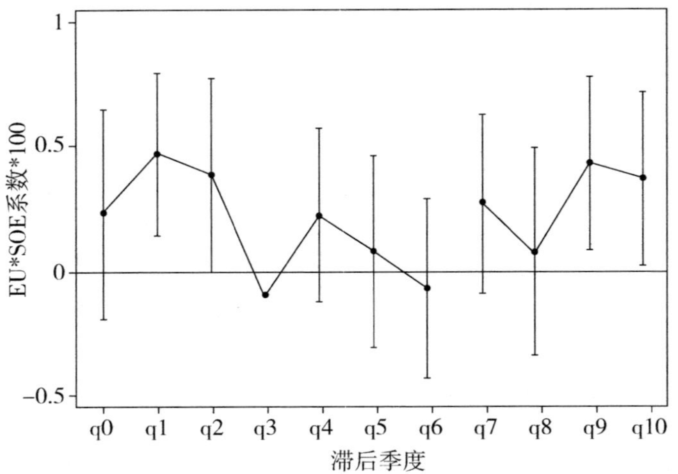

图 2—5　经济政策不确定性的长期效果：10 季度以内（指数以月度算术平均计算）

注：系数估计值的两端是 95%置信区间下可能取值范围。

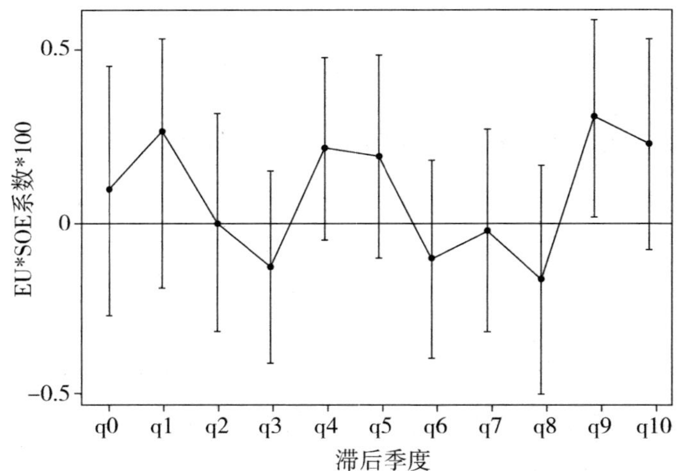

图 2—6　经济政策不确定性的长期效果：10 季度以内（指数以月度加权平均计算）

注：系数估计值的两端是 95%置信区间下可能取值范围。

第三章

企业杠杆率分化与上市公司分红“结构之谜”

第一节　中国上市公司分红“结构之谜”

徐忠（2017）较早指出，我国非金融部门杠杆率高企问题更具体地表现在国有企业杠杆率偏高，谭小芬等（2018）的研究结果也证实了该判断，并指出国际金融危机以后，非国有控股上市公司经历了一个明显的“去杠杆”过程，而国有控股上市公司则一直保持在50％以上的较高水平，如图3－2所示。对于非国有控股上市公司所经历的这一“去杠杆”过程，现有研究鲜有关注，也没有对其“去杠杆”的成效进行评价。

不无巧合的是，国际金融危机前后，除了企业杠杆率的结构性特征，国有企业与非国有企业在资本市场上的行为也出现明显的结构性变化。企业在资本市场中行为的分化突出地表现为二者之间分红水平相对高低的扭转。从上市公司分红水平的变化来看（如图3－1所示），国际金融危机以前国有控股上市公司和非国有控股上市公司分红水平均呈现下降的趋势，不过在此期间国有控股上市公司的分红水平一直系统、稳定地高于非国有控股上市公司；但令人意外地是，国际金融危机以后，非国有控股上市公司分红水平呈现明显的上升趋势，而与之不同的是，国有控股上市公司分红水平并没有出现明显的上升趋势，直到之前的相对水平发生彻底扭转，国有控股上市公司分红水平才开始系统地低于非国有控股上市公司。现有研究大多从委托代理成本的角度来对企业分红行为进行研究，但这一现象对相关假说提出了挑战，本书将其称之为中国上市公司分红"结构之谜"。

一个有益的猜想是，国际金融危机的冲击为国有经济部门和非国有经济部门在"去杠杆"与分红行为的分化提供了有益的经验观察，对于国际金融危机以后国有控股上市公司和非国有控股上市公司在"去杠杆"与分红行为之间出现的分化，必定存在某种密切联系，对于这种经验关系背后机制的揭示将有利于三个问题的回答。首先，它有助于对上市公司分红"结构之谜"的解答；其次，它有利于从资本市场的角度回答实体经济"去杠杆"的问题；最后，它可以进一步回答这种"去杠杆"方式是否符合经济高质量发展的要求。更具体而言，在理论上有利于丰富对分红决定因素的研究，除了委托代理成本因素，资本结构变化也是企业分红行为的重要决定因素。事实上，中国作为一个发展中国家，人均资本存量相对较低，且对投资的需求十分旺盛，但受限于并不发达的金融体系，中国许多企业较难通过资本市场获得直接融资，通常更加依赖于成本较高的债务融资，分红水平低并不能完全归结为低投资者保护等委托代理因素，还需要考虑到资本结构中债务融资占比较高这个中国特有的因素。在实践中，对这一问题的回答预期将为企业"去杠杆"提供重要的经验借鉴，并将部分回答本书在开头提出的问题，即如何增强金融服务实体经济的能力，助力经济高质量发展。

本书拟通过中国上市公司分红“结构之谜”，揭示企业“去杠杆”与分红行为之间的重要联系。本章节将先描述中国上市公司分红“结构之谜”的主要经济事实，但经济事实本身并不能称之为一个谜题，本书还将仔细阐述这些经济事实对现有理论提出的挑战。

一、中国上市公司分红结构性变化的经验事实

2008 年美国国际金融危机对企业分红行为造成了重大影响。根据 2009 年标准普尔的数据显示，受国际金融危机影响，美国公司在 2009 减少了 580 亿美元的分红，有接近 800 家企业减少了分红（Hauser，2013）。国际金融危机的冲击对企业分红决策造成了重大影响，但其中的主要影响渠道或者影响机制却存在较大争议。其争议是，检验公司治理对股息政策的影响是否在危机期间发生了变化。他们选择自东亚和海湾合作委员会国家的 362 家非金融上市公司的样本，结果证明，股息支付决策随着机构所有权和董事会活动而增加；但在最近的国际金融危机期间，股息决策与 CEO 二元性，董事会规模和董事会会议频率成反比，在国际金融危机期间调整股息支付策略时，有研究对管理者和股东特别感兴趣。祝继高和王春飞（2013）较早注意到了国际金融危机对上市公司分红行为的冲击，发现国际金融危机会降低上市公司的分红水平，他们在分析国际金融危机对上市公司分红行为的影响机制时，注意到了企业盈利能力、预期调整和融资约束等因素的影响。

从表 3—1 中可以看到，在国际金融危机以前，非国有控股上市公司分红意愿及分红水平均显著低于国有控股上市公司，与此同时，

其杠杆率显著高于国有控股上市公司；从表 3－2 中则可以看到，国际金融危机以后，非国有控股上市公司分红意愿及分红水平均显著高于国有控股上市公司，与此同时，杠杆率显著低于国有控股上市公司。其中杠杆率差值从 3％到－13％，变化幅度达到 16 个百分点；分红水平差值则从－7.7％到 5％，变化幅度达 12.7 个百分点，均存在较大幅度的变化，这与本书前面图 3－1 和图 3－2 的走势基本一致。其他变量中除了非流通股占比外，未见这种较大幅度的结构性扭转。

表 3－1　样本的描述性统计：国际金融危机以前

变　量	非国有控股		国有控股		均值之差	t 值
	样本量	均　值	样本量	均　值		
是否分红（d _ payout）	1030	0.497	2644	0.595	－0.098***	－5.418
分红水平（payout）	1030	19.292	2644	26.999	－7.707***	－6.776
杠杆率（lev）	1030	53.299	2644	50.359	2.941***	4.158
股权集中度（shrcr1）	1030	31.688	2644	42.647	－10.958***	－19.198
股权制衡（shrs）	1030	24.641	2644	17.198	7.443***	15.920
两权分离系数（seperation）	1030	10.363	2644	4.064	6.299***	22.070
机构投资者持股比例（inst _ hold）	1030	8.384	2644	9.430	－1.046	－2.066
非流通股占比（notrade）	1030	50.661	2644	54.133	－3.472***	－6.294
是否纳入融资融券标的（short _ list）	1030	0.000	2644	0.000	0.000	.
销售增长率（sale）	1030	26.721	2644	25.939	0.782	0.447
账面市值比（MBR）	1030	0.566	2644	0.627	－0.061***	－6.588
托宾 Q 值（tobinQ）	1030	1.985	2644	1.571	0.413***	6.855

注：t 值为样本分组的 t 检验结果。***、**、* 分别表示 1％、5％、10％的统计显著水平。

表 3—2 样本的描述性统计：国际金融危机以后

变量	非国有控股		国有控股		均值之差	t 值
	样本量	均 值	样本量	均 值		
是否分红（d _ payout）	6298	0.730	6038	0.666	0.064***	7.759
分红水平（payout）	6298	27.423	6038	22.563	4.861***	9.057
杠杆率（lev）	6298	39.786	6038	52.745	−12.959***	−34.984
股权集中度（shrcr1）	6298	33.744	6038	39.725	−5.981***	−22.150
股权制衡（shrs）	6298	24.079	6038	16.912	7.167***	32.238
两权分离系数（seperation）	6298	6.813	6038	4.227	2.586***	18.084
机构投资者持股比例（inst _ hold）	6298	6.053	6038	8.181	−2.128***	−12.174
非流通股占比（notrade）	6298	29.697	6038	16.889	12.807***	29.011
是否纳入融资融券标的（short _ list）	6298	0.123	6038	0.201	−0.078***	−11.916
销售增长率（sale）	6298	21.595	6038	15.621	5.973***	7.168
账面市值比（MBR）	6298	0.455	6038	0.613	−0.158***	−36.750
托宾 Q 值（tobinQ）	6298	2.891	6038	1.694	1.197***	31.235

注：t 值为样本分组的 t 检验结果。***、**、* 分别表示 1%、5%、10%的统计显著水平。

本书关心的主要变量的年度走势如图 3—1、图 3—2、图 3—3 和图 3—4 所示。从图 3—1 可以看到，不论是分红水平和分红意愿的走势，在 2007—2009 年间都发生明显相对扭转，相对于国有控股上市公司，非国有控股上市公司的分红水平及分红意愿均明显表现出上升扭转趋势。而从图 3—2 可以看到，杠杆水平的走势也出现明显的相对扭转，但发生扭转的时点要稍早一些，在 2006—2007 年间就实现趋势的扭转。另外，再看对企业分红及杠杆水平影响均非常重要的投资机会因素（如图 3—3、图 3—4 所示），可以看到 2008 年国际金融危机以前国有控股上市公司及非国有控股上市公司在投资机会上几乎不存在差别，但国际金融危机发生以后，国有控股上市公司及非国有控股上市公司的投资机会开始呈现明显的分化趋势，非国有控股上市公司的投资机会开始显著高于国有控股上市公司。如果将投资机会分化的趋势与企业分红的分化趋势对比来看，非国有控股上市公司的投资机会得到相对的提升，但分红水平也同样相对提升了，这趋势与优序融资理论所预测的分红与投资机会之间的负向相关关系并不相符。

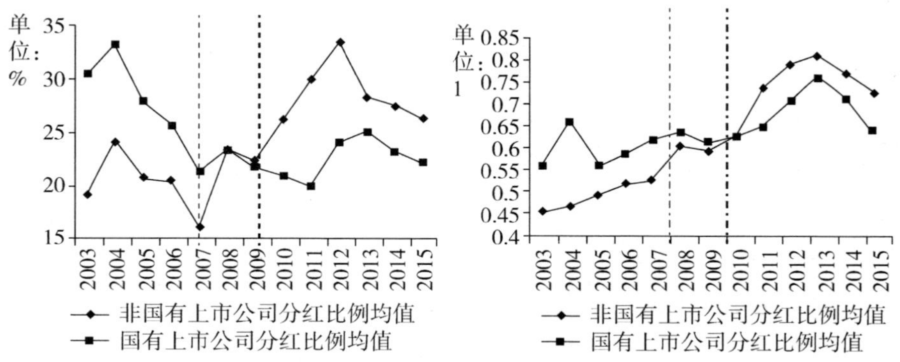

图 3－1 中国上市公司分红水平及分红意愿的变化趋势

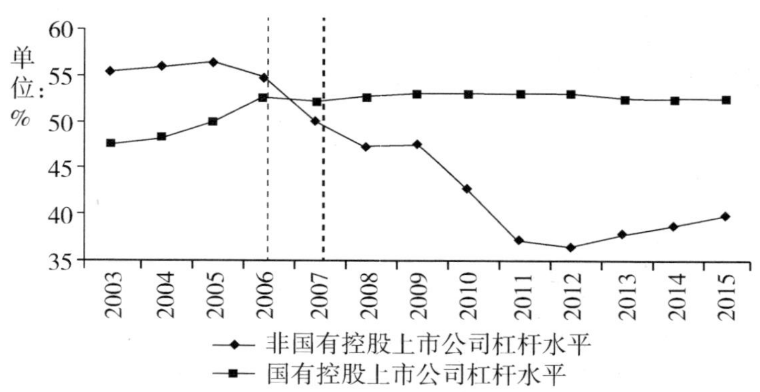

图 3－2 中国上市公司杠杆水平的变化趋势

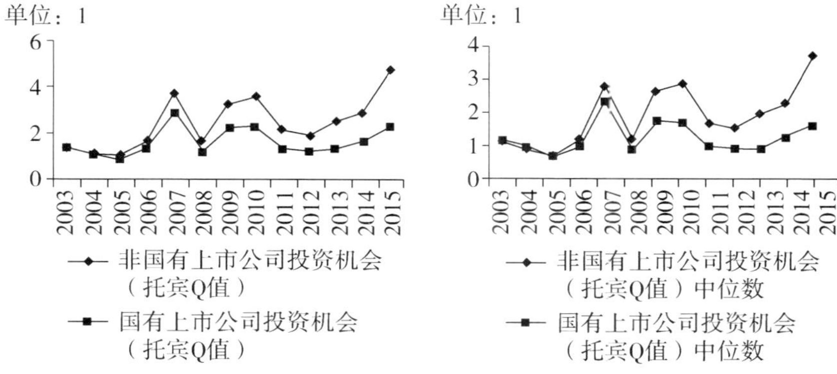

图 3—3 中国上市公司投资机会（托宾 Q 值）的变化趋势

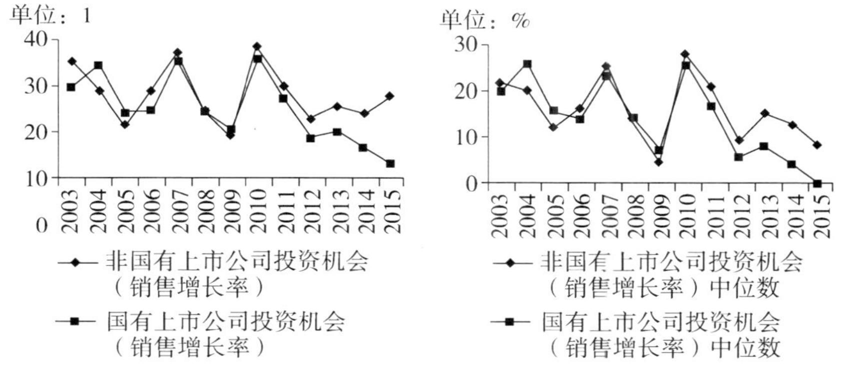

图 3—4 中国上市公司投资机会（销售增长率）的变化趋势

二、分红"结构之谜"对现有理论的挑战

（一）对股利政策代理理论的挑战

现有关于企业分红或者现金股利的研究，主要围绕"股利之谜"展开，对企业分红的决定因素提出了诸多猜想及解释。自 Miller 和 Modigliani（1958，1961）提出股利无关论以来，大量研究发现公司遵循着极为复杂的股利支付策略，这对企业股利支付行为的解释提出了挑战，Black（1976）则将其称之为"股利之谜"。特别是在考

虑了税收因素之后，股利支付行为则变得更为复杂，Allen 和 Michaely（2001）指出如果对分红征收了比资本利得更重的税负，那么企业出于税收的考虑将会更偏好于股票回购而不是现金股利。Brav et al（2005）通过对企业财务主管的调研，支持股票回购是一种“税收上更有效的向投资者返回资本的方式”，但企业仍然会选择支付现金股利，税收让企业的股利支付行为更加难以解释，“股利之谜”的谜团也因此加深。围绕“股利之谜”，学者们提出了诸多解释，其中基于股利信号理论和股利代理理论的解释影响最为深远。而关于相关政策对股利政策的影响，近年来存在较多研究。首先是国有企业改革中的国有资本经营预算管理的实行，王佳杰等（2014）较早对国有资本经营预算制度的有效性进行了研究，并就国有企业分红及过度投资之间的关系进行了探讨。但该研究仅通过引入时间变量分析国有资本经营预算管理制度的影响，很难有效剔除时间因素中的其它宏观时变因素，识别策略存在一定的缺陷，因此不能很好地识别国有资本经营预算管理制度带来的直接效应。另外，有研究考虑到半强制分红政策的影响，李常青等（2010）以 2008 年政策出台的时间为分界点，用事件研究法考察了市场对该政策颁布的反应，他们将资本市场现金分红比例的上升归因于半强制分红政策的影响，同时指出那些有再融资需求处于成长期的企业，则受到半强制分红政策的显著负面影响，这也导致了一定程度的“监管悖论”。这些研究虽然都考虑到了政策影响，但识别策略上存在较大局限，特别是在 2008 年那么特殊的一个年份，很难通过一个时间虚拟变量的设定来识别这么多复杂的因素的影响。

本书所提出的分红“结构之谜”所探讨的问题，结合中国资本市场在国际金融危机前后的实际情况引入了更多现实因素，包含了国际金融危机的冲击以及国有、非国有产权的异质性，这两个因素的同时考察对分红“结构之谜”的发现至关重要。除了关心企业分红的决定因素外，我们更关心产权异质性在国际金融危机前后的分红行为中产生了何种影响，这对分红“结构之谜”的解释至关重要。“国际金融危机前后国有控股上市公司和非国有控股上市公司分红水平发生结构性扭转”这一经验事实，对现有研究提出了不小的挑战。现有文献主要从委托代理成本的角度对企业的分红行为进行解释，并有两种主要假说，即“结果”假说和“替代”假说。根据中国上市公司样本的实证研究表明，在国际金融危机以前，国有企业相对于非国有企业支付了更多的红利，这种差异被认为满足“替代”假说；在国际金融危机以后，国有企业相对于非国有企业支付了更少的红利，这种差异被认为满足“结果”假说。我们一旦将国际金融危机前后不同时期样本割裂开来进行分析，就会出现完全不同的结论。不同时期样本提供的证据分别支持着“结果”假说和“替代”假说这两个完全对立的假说，且均能在各自样本区间内得到逻辑自洽的解释。然而，一旦将不同时期样本放在一起考察，这两个时期样本所支持的两种对立假说，必然会产生逻辑矛盾，更无法解释中国上市公司分红的“结构之谜”。

$$\text{“胜利之迹”}\xrightarrow[\text{国有、非国有产权的异质性}]{\text{国际金融危机的冲击}}\text{分红“结构之谜”}$$

从国有和非国有控股上市公司分红水平的均值走势看来（如图3—5右图所示），2007年以前国有控股上市公司和非国有控股上市公司分红水平均呈现下降的趋势，不过在此期间国有控股上市公司的分红水平一直系统、稳定地高于非国有控股上市公司；但令人意外的是，2007年以后，国有控股上市公司分红开始相对非国有控股上市公司出现下降，以前存在的分红差距开始缩小，直到2009年国有控股上市公司分红水平开始系统地低于非国有控股上市公司。具体而言，非国有控股上市公司分红水平呈现明显的上升趋势，而与之不同的是，国有控股上市公司分红水平并没有出现明显的上升趋势，此后基本稳定在20%到25%这一区间水平内。简而言之，2007年以前国有控股上市公司分红水平系统、稳定地高于非国有控股上市公司，而2007年以后这一局面开始随着非国有控股上市公司分红水平的提升而发生变化，并在2009年以后彻底扭转，开始呈现国有控股上市公司分红水平系统地低于非国有控股上市公司的现象。

目前有关国有产权和非国有产权分红水平的比较研究比较少，在国内少量相关研究中，也均只关注了其中某个特殊样本时间段，有的发现国有控股上市公司分红高于非国有控股上市公司，有的则是国有控股上市公司分红低于非国有控股上市公司这样完全不同的结论。如比较近期的研究中韩雪（2016）选取2009—2013年间的上市公司样本进行了研究，得出国有控股上市公司相比于私人控股上市公司倾向于发放更少现金股利的结论，并从地方财政压力和金字塔层级这两个因素给出了一些解释；早前的很多研究（陈信元等，2003；Lin et al，2010）则多发现国有控股上市公司分红水平显著高于非国有控股上市公司，并将国有控股上市公司的高分红视为存在第二类代理问题①的证据，认为国有控股上市公司因为具有更高的股权集中度而更倾向于通过更高的分红“掏空”上市公司。以上研

---

① La Porta et al（1999）较早提出控制权与所有权分离产生的代理问题，这一代理问题主要表现为控股股东存在侵占中小股东的动机，不同于管理层行为导致股东利益损失的第一类代理问题，学术界通常将控股股东或大股东与中小股东之间的利益冲突称为第二类代理问题。Johnson（2000）随后将这种“侵占效应”描述为“掏空”或“隧道效应”（tunneling）。

究均仅对我国上市公司某一特殊样本时间段的上市公司分红行为进行研究，均没有关注国有控股上市公司和非国有控股上市公司分红水平高低的扭转，完全遗漏了对“国际金融危机前后国有控股上市公司和非国有控股上市公司分红水平发生结构性扭转”这一经验事实的考察，而对这一经验事实的解释却关系到导致国有和非国有控股上市公司分红行为存在差别的重要因素。对这一经验事实的忽视可能出于两方面的原因：一方面，部分研究并未将国有和非国有企业放在一个统一的框架下进行比较研究，他们认为国有企业的行为存在诸多特殊性，将国有企业样本单独进行研究，也就无从考虑这种相对性变化，也就失去了与非国有企业行为进行比较的可能；另一方面，部分研究虽然尝试了将国有与非国有企业放在公司治理的统一框架下进行比较研究，但在研究过程中仅就新近的经验事实提出假设进行研究，而没有对前期研究的一些事实进行说明和解释。然而，一个合理的科学假说不仅要能回答某个具体的问题，解释新发现的事实，而且要能够说明和解释已知的事实。

鉴于这一经验事实的重要性，本书首次提出并将“国际金融危机前后国有控股上市公司和非国有控股上市公司分红水平发生结构性扭转”这一现象称为中国上市公司分红的“结构之谜”。为了解释这一经验事实，本书认为实际上涉及到两个问题的回答：为何国际金融危机以前国有控股上市公司分红系统、稳定地高于非国有控股上市公司？为何 2007 年以后非国有控股上市公司分红开始逐步上升，直到高于国有控股上市公司分红，以及是什么因素导致这种结构性扭转？为揭示上市公司分红“结构之谜”，本书对这两个问题进行回答，对于这一问题的回答涉及对企业分红决定机制的深入研究，还需要对国际金融危机前后国有控股上市公司和非国有控股上市公司的差别进行更深入的了解。

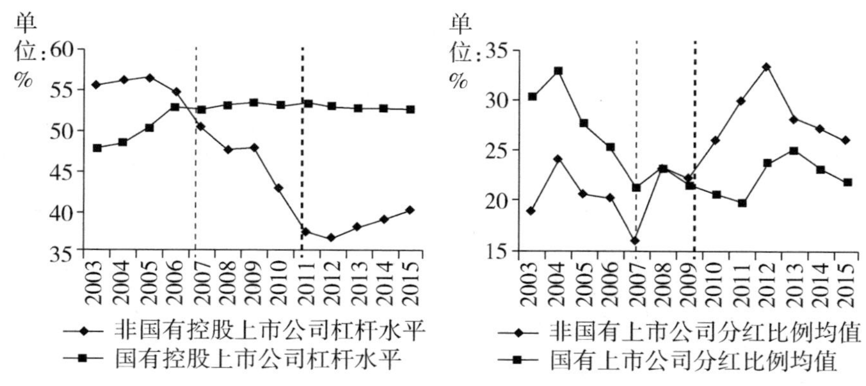

图 3—5 中国上市公司杠杆水平及分红水平的变化趋势

（二）对优序融资理论的挑战

投资机会通常被认为是影响企业股利政策的重要因素，Myers 和 Majluf（1984）认为，具有较高投资机会的上市公司，在选择融资方式时面临在支付股利和支付利息之间的权衡选择。因为考虑了资本市场摩擦等现实因素，他们的结论比 MM 定理得出的"股利无关论"和"资本结构无关论"更贴近现实情况。而根据优序融资理论（Myers 和 Majluf，1984），在面临投资机会需要融资时，企业会优先选择内部融资，这会导致企业减少对股东的分红，然后选择债务融资，最后才会选择股权融资，但股权融资因为面临更高的代理成本，往往需要提高分红。大量经验研究发现，投资机会与分红水平之间通常存在负相关关系，较高的投资机会通常会导致企业降低分红，通常这些研究发现被视为支持优序融资理论的重要经验证据。

但是，从国际金融危机前后国有控股上市公司和非国有控股上市公司的投资机会的实际变化来看（如表 3—2、表 3—3 所示中的托宾 Q 值和销售增长率），在国际金融危机以前，国有控股上市公司与非国有控股上市公司的投资机会并没有显著差异（销售增长率差异不显著，托宾Q值仅高0.4）；在国际金融危机以后，非国有控股上市公司的投资机会开始显著高于国有控股上市公司。在国际金融危机前后，非国有控股上市公司投资机会增加，分红却出现增加的情况，这似乎与优序融资理论不符。由此，本书的实证结果与传统优序融资理论的核心预测结果有所出入，对该理论的解释力提出了一定的挑战，至少有待于引入其它可能因素作出相应改进，这也是本书在后面研究部分所关注的一点。

第二节　理论分析与研究假设的提出

一、理论分析

笔者观察到国际金融危机以后，出现了显著的企业部门杠杆率分化的现象（国有控股上市公司在国际金融危机以后加杠杆，非国有控股上市公司则经历了显著的去杠杆过程），很多研究对此予以关注，并从多个角度解释了其成因，但是在评价去杠杆分化的影响时，很多研究的视角比较单一，多是聚焦于杠杆本身，研究杠杆的决定因素或者合理的杠杆率水平，但是对于合理杠杆率的合理水平并没有统一意见。然而，笔者认为关注企业去杠杆分红的进一步影响则具有更重要的现实意义。关注去杠杆分化所导致的进一步影响，特别是去杠杆的环境下企业会如何应对，现有研究没有对其引起足够的重视。而笔者注意到，国际金融危机以后，企业部门几乎同时出现了分红结构分化的现象，非国有控股上市公司在国际金融危机以后，现有研究多直接将国际金融危机冲击作为冲击因素，较少分析具体的影响机制，本书则提出去杠杆的分化是解释企业分红结构分红的重要影响机制，分红结构的变化则是企业在去杠杆环境下的一种应对方式。

为了验证这一猜想，本书在传统双重差分的分析框架下，进一步结合多元回归模型框架下的逐步回归分析，通过揭示上市公司分红"结构之谜"来回答以上问题。

股利政策是上市公司的一项重要财务决策，反映了一家上市公司内部治理结构方面的诸多问题。有研究指出，中国上市公司因为较差的投资者保护环境，分红水平普遍较低（La Porta et al，2000）。但事实上，中国作为一个发展中国家，相比发达国家而言，人均资本存量明显偏低，对投资的需求依然十分旺盛，与成本较高的外源融资相比，成本较低的内源融资是更为合理的，而受限于并不发达的金融体系，中国许多企业较难通过资本市场获得直接融资，通常更加依赖于成本较高的债务融资。因此，较低的现金股利支付比例可能对企业的长期发展存在一定的有利条件，具有其合理性。本书认为，中国现金股利支付较低并不能完全归结为低投资保护，除了委托代理问题，我们还需要考虑到资本结构中债务融资占比较高这一中国特有的因素。

我国上市公司分红"结构之谜"出现在国际金融危机前后这个时间段，而我国企业部门杠杆水平的上升也同样与国际金融危机的爆发有着千丝万缕的联系。国际金融危机以前，全球经济经历了较长时期的加杠杆过程，随后受国际金融危机爆发的影响，全球经济短期内经历了一波局部去杠杆过程。为了避免经济陷入更深度的衰退、缓解危机带来的负面影响，世界各个经济体均采取了较为宽松的宏观经济政策进行应对，期望早日实现经济复苏。目前看来，虽然宽松的宏观经济政策在防止危机的蔓延方面起到了不可或缺的作用，但也不得不面临杠杆率高企的风险。2008 年以前，我国经济快速发展，杠杆率保持稳定，但在随后应对国际金融危机的过程中我国经济同样面临着杠杆率高企的局面，近年来我国经济经历了杠杆水平持续快速上升的过程，但国有控股上市公司和非国有控股上市公司杠杆水平在国际金融危机以后出现分化。

在当前制度背景下，并结合国际金融危机期间发生明显变化的诸多因素，本书对国有控股上市公司和非国有控股上市公司进行比较研究，但没有局限于对委托代理成本的视角，本书还会考虑可能影响股利支付水平的更多因素，而这些因素同时也可能是揭示上市公司分红“结构之谜”的关键因素。

（一）基本分析框架的描述

本书对中国上市公司分红“结构之谜”的揭示，将基于一个企业资金用途的分析框架。本书首先假定企业通过经营产生了利润，这部分利润在内部人（控股股东和管理层）和外部投资者之间进行分配。具体而言，外部投资者获得分红和利息收入，其余的留存收益则由内部人使用，并假设留存收益主要用于企业正常的投资支出，余下部分则不可避免地以各种委托代理成本的形式被消耗。这里没有考虑税收，税收因素在进行跨国研究中自然是个不可忽略的因素（La Porta et al，2000），但在国内研究中，可以认为企业面临基本相似的税收环境，也没有证据表明税收对国有控股和非国有控股上市公司的分红行为造成了显著不同的影响。显然，这里委托代理成本、投资支出、分红和支付利息产生的交易成本之间相互影响，本书将综合考量这些因素，然后逐步推断出上市公司分红“结构之谜”

的关键因素。

为了进一步简化分析，本书在理论分析中进一步假定投资机会是外生的，但在后面实证分析中会更具体地考虑投资机会这一因素。事实上，投资机会通常被认为主要取决于宏观经济环境等因素，本书后面实证表明国有控股上市公司和非国有控股上市公司的投资机会和投资行为在国际金融危机前后并没有出现显著分化，投资机会的外生假定并不影响本书对上市公司分红"结构之谜"作出合理推断。因此，在本书的理论分析框架中，分红水平的决定因素进一步简化为委托代理成本和交易成本两个因素，本书将主要讨论这两个因素对国有控股上市公司和非国有控股上市公司的不同影响。

现有研究中绝大多数从委托代理成本的角度来分析公司分红行为，也有部分研究关注资本市场的不完善，注意到资本结构不同所引起的不同融资成本，对公司分红具有显著影响。而综合考虑委托代理成本、投资机会、交易成本等因素对分红决策的影响，最早可以追溯到 Rozeff（1982），他提出了一个简单的模型对分红的决定因素进行了全面分析。同样为了便于分析，Rozeff（1982）也在模型中作出一些必要的简化，将分红决定的因素最终归于委托代理成本和交易成本（如图 3—6 左图所示）。其中，委托代理成本被认为与分红水平负相关，这符合"结果"假说；与外源融资相关的交易成本则被认为与分红水平正相关，这也符合融资约束假说。实际上，委托代理成本与分红水平之间的负相关关系，并不依赖委托代理成本理论下的"结果"假说，在投资机会不变的情况，利润通常也可以被认为不变，分红和委托代理成本作为两项支出，通常是此消彼长的关系，因此通常呈现负相关关系。而交易成本与分红水平之间的正相关关系，在实证研究中被融资约束假说广泛证实，对于债务融资作为一种外源融资，其交易成本通常高于内源融资，当外源融资的交易成本过高时，企业则会转向资本市场寻求股权融资等内源融资的支持，而为了便于融资，企业会提高分红水平。由此，可以看到图3—6中委托代理成本曲线和交易成本曲线共同决定分红比例的现象。

（二）比较静态分析

基于Rozeff（1982）的分析框架，本书将其拓展到比较静态分析的情形（如图3—6右图所示），以对国有控股上市公司和非国有控股上市公司不同的分红行为进行分析，并推断不同因素变化可能导致的分红行为的变化，以对中国上市公司分红“结构之谜”进行揭示。依据控股股东产权属性的不同，我们将上市公司分为国有控股上市公司和非国有控股上市公司，图3—6右图中下标1为国有控股上市公司，下标2为非国有控股上市公司。从代理成本来看，相较于非国有控股上市公司，国有控股上市公司由于治理结构的不完善通常具有较高的第一类代理成本，且因国有股权通常更为集中而具有更高的第二类代理成本，因此国有控股上市公司的代理成本更高，$\underline{C}_{\underline{A1}}$大于$\underline{C}_{\underline{A2}}$；从交易成本来看，相较于非国有控股上市公司，国有控股上市公司通常具有更多的贷款支持，外部融资成本较低，因此国有控股上市公司跟融资相关的交易成本更低，$\underline{C}_{\underline{B1}}$小于$\underline{C}_{\underline{B2}}$。根据图中的曲线推导，很直观地看到国有控股上市公司的最优分红比率要高于非国有控股上市公司，$PAY_1{}^*$大于$PAY_2{}^*$。该模型能较好地解释国际金融危机以前我国国有控股上市公司分红水平高于非国有控股上市公司的情况，且在国际金融危机以前，二者之间维持一个稳定的差值，保持着一个平行趋势，符合该理论的推断。

对于国际金融危机以后出现的非国有控股上市公司分红水平上

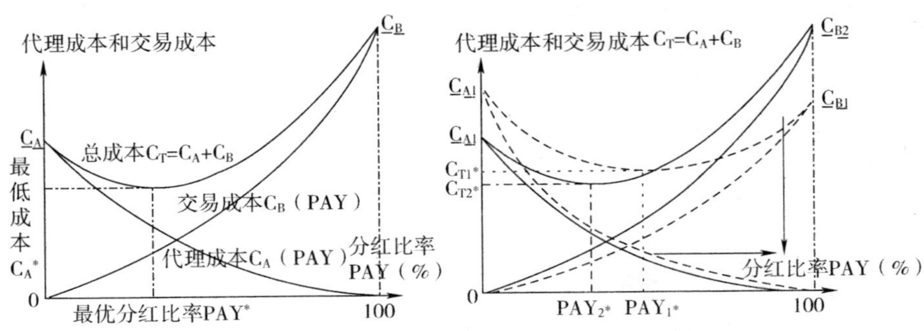

图 3—6　代理成本、交易成本与分红比率

说明：1. 左图根据 Rozeff（1982）中的图 1 进行绘制。代理成本 C_A 和交易成本 C_B 均为分红率 PAY 的函数。代理成本 C_A 的截距项$\underline{C}_A$与股权结构和外部股权相关；交易成本 C_B 的截距项$\underline{C}_B$与外源融资相关，包括公司成长机会和公司自身杠杆风险水平。代理成本和交易成本曲线共同决定了总成本的抛物线，按照理性人假设，企业分红水平由总成本的最低点所决定。

2. 右图中下标 1 为国有控股上市公司，下标 2 为非国有控股上市公司。（1）国际金融危机以前：从代理成本来看，相较于非国有控股上市公司，国有控股上市公司的代理成本更高，$\underline{C}_{A1}$大于$\underline{C}_{A2}$；从交易成本来看，相较于非国有控股上市公司，国有控股上市公司跟融资相关的交易成本更低，$\underline{C}_{B1}$小于$\underline{C}_{B2}$。根据图中的曲线推导，很直观地看到国有控股上市公司的最优分红比率要高于非国有控股上市公司，PAY_1^* 大于 PAY_2^*。（2）国际金融危机以后：因为委托代理成本是慢变量，很难出现大幅变化，这里主要考虑交易成本变动的情形。相较于国有控股上市公司，非国有控股上市公司在国际金融危机后债务融资占比大幅下降，$\underline{C}_{B2}$往下大幅移动到$\underline{C}_{B3}$的位置，相应地我们可以看到非国有控股上市公司的分红水平往右大幅移动到的水平 PAY_3^*，形成高于国有控股上市公司分红水平的局面。

升的情况，存在两种理论上的可能：一种可能是非国有控股上市公司的委托代理成本的相对上升；另一种是非国有控股上市公司交易成本的相对下降。对于这两种理论上的可能，本书认为第一种可能较小，通过考察与委托代理成本相关的因素后，本书发现并不存在导致委托代理成本变化的因素，很难出现国有控股上市公司和非国有控股上市公司委托代理成本逆转的情况。事实上，委托代理成本与公司治理密切相关，通常被认为是一个慢变量，很难预期短期内出现公司治理质量出现质的变化。而对于第二种理论可能性，本书则认为存在较大合理性。相较于国有控股上市公司，非国有控股上市公司的融资情况受到国际金融危机的冲击更大，它们通常更难满足债务融资对抵押物等融资条件的要求，这与国际金融危机后非国有控股上市公司经历了大幅度“去杠杆”的现象是相吻合的，与此同时，国有控股上市公司杠杆水平一直保持在较高水平。因此，相较于委托代理成本的变化，资本结构的变化能更好地解释中国上市公司分红“结构之谜”。

二、研究假设的提出

（一）企业分红与资本结构

为证实本书的理论推测，本书从资本结构的视角，研究杠杆水平的变化对企业分红行为的影响。从现金股利及债务在公司治理中扮演的角色来看：一方面，现金股利和债务利息的支出均可以减少企业自由现金流，预期能抑制过度投资、资金占用等管理层自利行为，降低企业的代理成本。因此，在企业融资需求不变的条件下，二者在降低企业代理成本方面存在相互替代的关系，预期现金股利和杠杆水平之间存在负相关关系，另一方面，考虑到企业的融资需求及融资选择，一般而言现金股利的发放将减少企业的内部融资来源，增加企业的外部融资需求，此时如果公司增加债务融资，现金股利将和杠杆水平正相关，若增加股权融资，则现金股利和杠杆水平负相关，因此不同的融资选择将导致现金股利与杠杆水平呈现完全相反的相关关系。

从中国实际情况来看，非国有控股上市公司经历了“高负债低分红”向“低负债高分红”的转变，可以看出现金股利和杠杆水平在我国主要呈现一个负向相关关系。在“高负债低分红”阶段，根据优序融资理论（Myers & Majluf，1984），与成本较高的外源融资相比，成本较低的内源融资是更为合理的，较低的现金股利支付比例在某一阶段可能对企业的长期发展比较有利，具有其合理性，而且受限于并不发达的金融体系，企业通常更加依赖于成本较高的债务融资。但在“低负债高分红”阶段，非国有控股上市公司可能更难获得债权融资，只能转向股权融资，而为了缓解股权融资相关的代理成本，就需要提高分红。

企业“去杠杆”并不容易，企业杠杆水平通常“易升难降”，企业杠杆水平的调整存在明显的非对称性，越来越多的研究发现企业普遍存在不愿降低杠杆水平的现象。如 Admati et al（2018）研究发现股东们普遍不愿意降低企业杠杆水平，即便这种去杠杆行为能提升企业的价值，甚至当企业存在新发次级债务且会削弱企业价值的时候也是如此。他们将企业这种单向调整杠杆水平的行为称作“杠杆棘轮效应”。较早的资本结构动态权衡理论认为，公司在债务调整的成本和收益之间进行权衡，确定目标资本结构水平。Rozeff（1982）提出，现金股利虽然能够降低管理者代理成本，但也会增加公司外部融资成本，使得公司目标股利取决于总成本最低时的现金股利水平。Morellecet et al（2012）提出管理者代理成本相比再融资成本，对资本结构水平影响更加显著，代理成本的降低能够显著促进债务融资的增加，这表明，现金股利的治理效应可以通过代理成本影响公司融资决策。总体上，现金股利对于资本结构的作用呈现正负两个方向的作用：一方面，现金股利和资本结构作为公司治理替代机制，均可以减少自由现金流抑制过度投资、资金占用和关联交易等侵占行为，在共同的预算约束下呈现相互替代的关系；另一方面，现金股利的发放减少了内部资金，增加了公司向外部融资的需求，此时如果公司增加债务融资，现金股利将和资本结构正相关，若增加股权融资，则现金股利和资本结构负相关。

祝继高和王春飞（2013）较早注意到了国际金融危机对上市公司分红行为的冲击，发现国际金融危机会降低上市公司的分红水平，他们在分析国际金融危机对上市公司分红行为的影响机制时，注意到了企业盈利能力、预期调整和融资约束等因素的影响。祝继高和王春飞（2013）的研究为本书提供了一个很好的研究基准，但他们在研究中并没有考虑国有控股上市公司和非国有控股上市公司分红行为可能存在的异质性。而本书拟在研究中考虑这种异质性。在考察国有控股上市公司和非国有控股上市公司的异质性后，本书发现二者在国际金融危机后分红行为呈现截然相反的变化，这种结构性变化正好可以为国有控股上市公司和非国有控股上市公司融资约束的不同所解释。换句话说，一旦考虑国有控股上市公司和非国有控股上市公司在融资约束方面存在的较大异质性，既可以发现上市公司分红"结构之谜"，也能较好地找到主要原因。事实上，从企业盈利能力、预期调整和融资约束等三个因素依次来看，国有控股上市公司和非国有控股上市公司在盈利能力和预期调整这两方面所受到冲击基本类似，因此其分红行为可能具有一致性，即使忽略其异质性，也并不影响国际金融危机会降低上市公司分红这一结论的得出；但是在融资约束方面，较多文献均表明国有控股上市公司和非国有控股上市公司存在较大的异质性，会使上市公司分红出现不同的倾向，因此，一旦忽略国有控股上市公司和非国有控股上市公司在融资约束方面的异质性，会对研究假设和结论形成不小的干扰，更不容易发现上市公司分红“结构之谜”。

在实证研究中被融资约束假说广泛证实，对于债务融资作为一种外源融资，其交易成本通常高于内源融资，当外源融资的交易成本过高时，企业会转向资本市场寻求股权融资等内源融资的支持，为了便于融资，企业会提高分红水平。本书基于融资约束假说提出原假设 H1a，并基于代理成本假说提出备择假设 H1b。

H1a：在其他条件不变的情况下，杠杆率较低的上市公司，倾向于发放更高的现金红利。

H1b：在其他条件不变的情况下，杠杆率较高的上市公司，倾向于发放更高的现金红利。

（二）企业分红与投资决策

对于中国上市公司分红出现的结构性变化，可能源于国际金融危机期间国有控股上市公司和非国有上市公司不同的投资行为，国有资本在国际金融危机期间承担了更多稳定投资稳定经济的责任。事实上，为了应对国际金融危机，2008 年政府出台了“四万亿”刺激计划，Bai et al（2016）在分析了“四万亿”庞大财政刺激政策实施过程后指出，为了规避“地方政府不可以存在财政赤字”的法律规定，“四万亿”刺激计划主要是通过地方融资平台来支持政府支出的，相较于非国有部门，国有部门更容易获得刺激计划提供的融资，更容易参加相关公共投资项目增加投资。因此，国际金融危机前后，有可能的投资变化是上市公司分红行为结构性变化的重要原因。

股利政策与投资政策通常是相互依赖的（Kalay，1982），比如合同规定一个较低的股利支付上限，企业就有较多的留存利润，那些预期盈利不佳的企业就有可能发生过度投资行为。Jensen（1986）也较早地指出，企业投资规模扩大以后，经理人将具有更多可控制的资源，由此导致在职消费与公司规模呈正相关关系，这意味着经理人具有较大的动机来增加投资，扩大企业投资规模的动机。更重要的是，企业会倾向于减少现金股利支付，将更多留存利润投资到有利于自身利益的投资项目，一方面现金股利降低，另一方面投资增加，呈现明显的负相关关系。魏明海和柳建华（2007）从委托代理成本的角度，较早地研究了国有企业分红与过度投资之间的关系，其研究结果支持了我国国有上市公司的低现金股利政策促进了过度投资的假说。

本书基于此，提出原假设 H2a，相应地提出备择假设 H2b。

H2a：在其他条件不变的情况下，过度投资较低的上市公司，倾向于发放更高的现金红利。

H2b：在其他条件不变的情况下，过度投资较高的上市公司，倾向于发放更高的现金红利。

（三）企业分红与委托代理成本（"结果"假说 vs "替代"假说）

关于企业分红行为与委托代理成本之间的关系，现有研究提供了两种截然相反的假说。首先，根据 La Porta et al（2000）提出的现金股利的"结果"假说，现金股利被认为是较低委托代理成本的结果，现金股利与委托代理成本之间会呈现负相关关系。因为较低的委托代理成本意味着较好的公司治理水平，投资者能在有效的公司治理环境下使用合法权利要求企业发放现金股利，企业也无法为了私利过度使用资金（La Porta et al.，2000；Mitton，2004；Jirap-orn & Ning，2006）。与之相反，另外一种"替代"假说则认为现金股利是对投资者承担了较高委托代理成本的补偿，现金股利与委托代理成本之间会呈现正相关关系。由于企业需要通过资本市场进行融资，为了能够顺利从资本市场获得融资，公司治理水平较差的企业必须通过支付较高的现金股利来建立好的名声（La Porta et al，2000；John & Knyazeva，2006）。“替代”假说预测的结果实际上与后来研究提到的“迎合”观点是类似的。La Porta et al（2000）通过跨国样本证明了“结果”假设，即较高的现金股利是较低的委托代理成本所导致的，在其他条件不变的情况下，较好的投资者保护环境能督促上市公司支付更高的股利。但在各国具体的研究中，得到的结论各有不同，对两种假说都存在大量证据支持。

股权结构是影响委托代理成本的重要因素，本书将从股权结构的角度来更细致地考察这些因素对企业分红的影响，具体将包括股权集中度、机构投资者占比与股权流通等因素。

H3a：在其他条件不变的情况下，委托代理成本较高的上市公司，倾向于发放更高的现金红利。

H3b：在其他条件不变的情况下，委托代理成本较高较低的上市公司，倾向于发放更高的现金红利。

1. 股权集中度

关于股权集中度与分红之间的关系存在不同的看法，有研究认为较高的现金股利是“掏空”上市公司的手段，如 Lee 和 Xiao（2002）根据中国上市公司的样本，发现了股权集中度与股利支付之间的正相关关系，并指出股利支付是大股东攫取私利的一种手段，这种观点支持了“替代”假说，与 La Porta et al（2000）跨国样本研究所支持的“结果”假说完全相反。对于中国的国有企业而言，在较大的投资需求下，支付较高比例的现金股利更多地被视为大股东“掏空”上市公司的行为。国有股权和股权集中通常被认为更倾向于支付较高的现金股利，Shleifer and Vishny（1997）较早指出除了第一类委托代理问题，上市公司还有一类代理问题就是大股东“掏空”小股东。国内研究多表明，国有控股的上市公司或者股权集中度较高的上市公司倾向于支付较高的现金股利，作为大股东“掏空”上市公司后对投资者的补偿。本书将基于“替代”假说提出原假设 H4a，然后基于“结果”假说提出备择假设 H4b。

H4a：在其他条件不变的情况下，股权集中度较高的上市公司，倾向于发放更高的现金红利。

H4b：在其他条件不变的情况下，股权集中度较低的上市公司，倾向于发放更高的现金红利。

2. 两权分离程度

由于股权集中的广泛存在，大股东以较高持股比例掌握了上市公司的实际控制权，对上市公司的经营权有着直接影响，这些公司也就无法实现所有权与经营权的完全分离，传统的委托代理问题也就有所削弱。La Portaet al（1998，1999）通过一系列研究表明，在股权集中的背景下，上市公司存在的主要问题已经转为控股股东与中小股东之间的利益冲突，这与传统的委托代理问题有着本质的不同。由于股权相对集中或高度集中的公司的存在，公司实际控制权已经掌握在控股股东或大股东手中，而控股股东往往存在侵占中小股东利益的动机，由此产生公司治理的控股股东代理问题，这与传统的股东与经理人之间的代理问题不同，通常也被称作第二类代理问题，两类代理问题可以同时存在于公司治理的问题中。在中国，上市公司“一股独大”早已是不争的事实（冯根福，2001；冯根福等，2002），我们对公司治理的研究也开始寻求新的转变，冯福根

(2006) 认为，对于当前上市公司广泛存在的股权相对集中或高度集中的现象，双重委托代理理论比单一委托代理理论解释力更强，并在此基础上对中国上市公司治理的提出了一些设想。

由于股权高度集中或相对集中的广泛存在，公司治理的主要问题开始转为控股股东的代理问题，而很多上市公司实际控制人会通过金字塔股权结构或交叉持股等方式隐藏起来，控股股东背后可能还存在一个终极控股股东，因此控股股东背后的"终极控制权"(ultimate control) 及其行为更值得研究。"终极控制权"(ultimate control) 的概念最早由 La Portaet al (1999) 提出，他们通过从股东之间的关联关系梳理出所有权关系链，然后对其进行层层分析找出拥有最多投票权的终极控制人。"终极控制权"一经提出，便成为公司治理方面的热点问题，La Portaet al (1999) 认为控股股东为了自身的利益，通过金字塔股权结构等方式实现控制权与现金流权的分离，以较少持股比例即可获得更多的投票权，偏离了"一股一票"的规则，使控股股东对上市公司的控制权得到明显加强，为控股股东侵占中小股东利益提供了更为便利的条件。他们通过对 27 个国家的 30 家企业进行实证研究发现，大多数公司都存在唯一的终极控股股东，而且多数都存在控制权和现金流权相分离的情况，这是大股东加强控制权的重要途径。Claessens et al (2000) 对东亚 9 国 2980 家上市公司进行类似研究发现，家族控制广泛存在于东亚国家的上市公司中，终极控制权与所有权之间存在显著的分离，这为小部分的家族控制人实现对大量上市公司的控制提供了可能。

Johnson et al (2000) 最早将大股东的"侵占效应"形象地描述为"掏空"(tunneling)，随后人们便将大股东对上市公司的利益侵占称为大股东掏空问题，这也是控股股东代理问题的主要表现形式。

控股股东通过多种持股方式实现控制权与现金流量权的分离，由此控股股东以较少的持股比例能获取的更多的控制权。一般情况下，较高的两权分离程度意味着控股股东将有条件剥夺更多的资产（Claessens 等，2002；谷祺，2006；沈艺峰，2008；石水平，2010），因此，大股东会采取各种隐秘手段实现控制权与现金流的分离，增强控制权，为其“掏空”行为提供便利条件。Johnson 等（2000）在定义“掏空”概念的同时，对“掏空”的多种路径也进行了研究，他认为控股股东主要通过转移定价、剥离资产、稀释股权等方式转移上市公司资产，将上市公司的资产占为已有。这既损害了上市公司利益也损害了中小投资者利益。近年来，国内外大股东“掏空”方式的研究主要围绕着关联交易（Khanna，2000；黎来芳等，2008）、资金占用（余明桂等，2004；李增泉等，2004；王鹏等，2006；王俊秋等，2007；俞红海等，2010）、股利政策（La Porta et al，2000；Faccio，2000；王化成等，2007；周县华等，2008）、过度投资（胡建平等，2007；俞红海等，2010）、兼并收购（Johnson，2000；Claessens et al，2002；李增全等，2005）等多个维度展开。在“掏空”（tunneling）逐步被广大学者关注之后，Friedman et al（2003）又提出了公司“支持效应”（propping）的概念，他认为大股东除了对上市公司“掏空”，有时也存在一定程度上的“支持”（propping），但他同时认为这是大股东颇具伪装性的侵占行为，目的是混淆视线使其“掏空”行为不易为外部投资者所察觉。值得一提的是，刘少波（2007）在综合现有研究成果的基础上，从风险溢价的角度对大股东的利益侵占进行诠释，他认为大股东的利益侵占行为是对其控制成本的补偿，所获取的收益是控制权所承担风险的溢价，这种收益的获取是通过努力改善公司治理所获得的，与侵占中小股东利益动机或“掏空”动机无关，但这与逐渐恶化的投资环境有所不符，需要进一步将大股东的正当“风险溢价”与超额的利益侵占区别对待。

国内研究多表明，两权分离程度较高的上市公司会存在更严重的委托代理问题，并且倾向于支付较高的现金股利，作为大股东“掏空”上市公司后对投资者的补偿。本书将基于“替代”假说提出原假设 H5a，然后基于“结果”假说提出备择假设 H5b。

H5a：在其他条件不变的情况下，两权分离系数较高的上市公司，倾向于发放更高的现金红利。

H5b：在其他条件不变的情况下，两权分离系数较低的上市公司，倾向于发放更高的现金红利。

3. 机构投资者占比

机构投资者也是一个重要的影响因素，通常被认为是老练的投资者，具有超强的信息挖掘分析能力，能对所投资企业施加重要影响。凭借更大的信息优势，机构投资者应在治理、股利政策等方面发挥重要作用。国内研究多表明，机构投资者占比较高的上市公司改进公司治理情况，无需支付较高的现金股利作为对投资者的补偿。因此，本书将基于“替代”假说提出原假设 H6a，然后基于“结果”假说提出备择假设 H6b。

H6a：在其他条件不变的情况下，机构投资者占比较低的上市公司，倾向于发放更高的现金红利。

H6b：在其他条件不变的情况下，机构投资者占比较高的上市公司，倾向于发放更高的现金红利。

4. 非流通股

由于历史原因，中国不少上市公司是从国有企业改制而来的，因此，直到现在还有很多上市公司由国有资本控股。90年代中期和末期，是中国国有企业改制上市的高峰阶段，为了能够满足首次上市融资（IPO）的限制性条件，很多国有企业集团公司选择将资产进行拆分，将质量好的资产“打包”进上市公司，而那些质量较差的资产、无法盈利的经营业务、生产率较低的职工以及其它负债则留在了集团公司或者其他下属公司。这样导致的问题是，虽然公司上市了，但企业集团母公司仍然可以将上市筹集的资金和下属公司的正常盈利，用于集团内部结构性改革的各项开支，包括职工养老、资产重组、结构调整等。企业集团母公司通常利用对下属上市公司的控制权，通过各种关联交易①获取非正常的现金收入，导致上市公司利益的损失。与此同时，由于中国国有股份的流通存在较多限制，国有股东很难通过出售股票获得所需资金，因此导致国有控股公司可能会比一般上市公司更倾向于通过支付现金股利获得所需资金。国内研究多表明，非流通股占比较高的上市公司会存在更严重的委托代理问题，并且倾向于支付较高的现金股利，作为对投资者的补偿。本书将同样基于“替代”假说提出原假设H7a，然后基于“结果”假说提出备择假设H7b。

H7a：在其他条件不变的情况下，非流通股占比较高的上市公司，倾向于发放更高的现金红利。

H7b：在其他条件不变的情况下，非流通股占比较低的上市公司，倾向于发放更高的现金红利。

另外，考虑到融资融券的实施，是否纳入融资融券标的范围，对上市公司的融资约束可能存在一定程度的影响。一般认为，纳入

① 如不少企业集团母公司依靠各种费用和借款的形式从下属上市公司获取现金收入。

融资融券标的范围会改善企业的融资约束，因此本书认为未纳入融资融券标的范围的上市公司，倾向于发放更高的现金红利，据此提出原假设 H6a，并相应地提出备择假设 H6b。

H8a：在其他条件不变的情况下，未纳入融资融券标的范围的上市公司，倾向于发放更高的现金红利。

H8b：在其他条件不变的情况下，纳入融资融券标的范围的上市公司，倾向于发放更高的现金红利。

第三节　研究设计与数据来源

一、实证策略

为了通过实证解释分红“结构之谜”，本书在利用双重差分（Difference in Difference）识别策略时，主要基于一个多元回归的模型框架，并在此基础上用了一点逐步回归分析（Step－wise Regression）的技巧。因为在解释分红“结构之谜”时，我们需要利用双重差分识别出分红的结构效应，根据模型中交乘项系数估计结果，即得到的分红结构效应测度结果，但测度出结构效应仅只能证明分红“结构之谜”的存在及其大小，并不能证明相关因素的解释力度。在此基础上，本书在多元回归的模型框架内，采用了逐步回归的分析技巧，通过对重要因素的逐步引入，可以量化得到相关因素的具体解释力度。

本书借助双重差分的识别策略识别中国上市公司分红的结构效应，对样本数据深入分析发现，在控制了影响分红水平的一些变量以后，国有控股上市公司样本和非国有上市公司样本的分红水平的趋势变化，能较好地满足平行趋势假设，这为准确识别这种结构性效应提供了有利条件。

本书选用双重差分的方法来识别中国上市公司的结构效应，分别对分红水平和分红意愿进行建模，模型设定如下：

$$
\begin{aligned}
Payout_{i,t} = & \alpha + \beta_1 d\_equity_{i,t} + \beta_2 past_{i,t} + \beta_3 past_{i,t} * d\_equity_{i,t} \\
& + \beta_4 Lev_{i,t-1} + \beta_5 Shrcr_{i,t} + \beta_6 Shrs_{i,t} + \beta_7 Seperation_{i,t} \\
& + \beta_8 Notrade_{i,t} + \beta_9 Ins\_hold_{i,t} + \beta_{10} Shortlist_{i,t} \\
& + \beta_{11} Growth_{i,t} + control + \sum year + \sum indus + \varepsilon_{i,t}
\end{aligned}
$$

$$
\begin{aligned}
d\_payout_{i,t} = & \alpha + \beta_1 d\_equity_{i,t} + \beta_2 past_{i,t} + \beta_3 past_{i,t} * d\_equity_{i,t} \\
& + \beta_4 Lev_{i,t-1} + \beta_5 Shrcr_{i,t} + \beta_6 Shrs_{i,t} + \beta_7 Seperation_{i,t} \\
& + \beta_8 Notrade_{i,t} + \beta_9 Ins\_hold_{i,t} + \beta_{10} Shortlist_{i,t} \\
& + \beta_{11} Growth_{i,t} + control + \sum year + \sum indus + \varepsilon_{i,t}
\end{aligned}
$$

相关变量的详细说明如表 3－3 所示，其中 $past_{i,t} * d\_equity_{i,t}$ 为控制权性质与是否处于国际金融危机以后这两个虚拟变量的交乘项，这是检验国有控股和非国有控股上市公司分红结构效应的关键模型设定，也是在回归模型中采用双重差分方法的一般设定，$Growth_{i,t}$ 为上市公司的投资机会，本书以 tobin Q 值来反映，同时也用销售增长率 sale 和 MBR 账面市值比作稳健性检验。

在分红水平的决定模型中，由于模型的被解释变量分红率 payout 是截尾变量（censored variable），对于不发放现金红利的上市公司，分红率是 0，而对于发放现金红利的上市公司，分红率 payout 则是为正值的连续变量。因此，本书选用 Tobit 模型进行 MLE 估计，以避免直接采用 OLS 方法导致的有偏估计（heckman，1979）。

而在分红意愿的决定模型中，由于模型的被解释变量分红意愿 d_payout 是虚拟变量，本书采用 probit 模型进行估计，该模型的参数通过极大似然估计得到。

对于双重差分的识别策略，我们主要依赖于事前的平行趋势假设，而且假设这种趋势在事后也不随时间发生结构性变化，这是一个较严格的研究假设。本书通过检验发现满足事前平行趋势的假设条件，但鉴于国有控股和非国有控股上市公司本身存在的异质性，并不能确定这些异质性因素不影响二者未来的分红趋势保持不变。为了克服这一难题，本书在稳健性检验中综合倾向得分匹配与双重差分的方法（PSM－DID）的方法，通过匹配来控制二者存在的异质性因素，进一步识别中国上市公司分红的结构效应。

二、数据与样本

本书的研究样本选取沪深股市 2003—2015 年的上市公司，母公司报表财务数据和财务报表附注数据、合并报表财务数据、以及公司治理数据主要来自 CSMAR 数据库。与同类研究的做法相一致，我们剔除了以下样本观测：（1）金融类公司；（2）IPO 当年的观测；（3）存在相关变量缺失值及异常值的观测。最后，共得到 16010 个样本观测值。同时，为了剔除极端值的影响，本书对所有连续变量进行了 1％到 99％置信区间内的 winsor 缩尾处理。另外，本书根据交易所公布的上市公司融资融券名单，手工整理了融资融券的相关数据，并对所有数据的准确性进行了抽样核对与更正。相关变量及其含义说明如表 3—3 所示。

表 3—3 变量定义

变量名	变 量	变量含义
d _ equity	控制权性质	虚拟变量，国有控股为 1，非国有控股为 0
past	是否国际金融危机以后	国际金融危机以后为 1，国际金融危机以前为 0
d _ payout	分红意愿	虚拟变量，派发分红为 1，否则为 0
payout	分红水平	每股派息税前/（净利润本期值/实收资本本期期末值）
lev	杠杆率	负债/资产 * 100
shrcr1	股权集中度	公司第一大股东持股比例 * 100
shrs	股权制衡	公司第二大股东至第十大股东持股比例之和 * 100
seperation	两权分离系数	实际控制人拥有上市公司控制权与所有权之差
inst _ hold	机构投资者持股比例	机构投资者持股占比 * 100
notrade	非流通股占比	非流通股占比 * 100
short _ list	是否纳入融资融券标的	虚拟变量，纳入融资融券标的则为 1，反之为 0
sale	销售增长率	销售增长率 * 100
MBR	账面市值比	资产总计/市值
tobinQ	托宾 Q 值	市值/资产总计
size	企业规模	年末资产规模取对数
MV	市 值	年末总市值
cashflow	自由现金流	现金适合比率，经营活动产生的现金流量净额/（购建固定资产、无形资产和其他长期资产支付的现金＋分配股利、利润或偿付利息支付的现金＋存货净额本期变动额）
PE1	市盈率	今收盘价当期值/（净利润上年年报值/实收资本本期期末值）
exchange	交易所类别	1 为沪市，0 为深市

三、过度投资的测度

基于企业投资的决策模型，本书基于 Richardson（2006）模型对企业的过度投资水平进行检验，以测算 2007 年以后国有企业投资是否存在对较大规模的投资冲击。

$$
\begin{aligned}
Inv_{i,t} = & \alpha + \beta_1 Growth_{i,t-1} + \beta_2 Lev_{i,t-1} + \beta_3 Cash_{i,t-1} + \beta_4 Size_{i,t-1} \\
& + \beta_5 Listage_{i,t-1} + \beta_6 Ret_{i,t-1} + \beta_7 Inv_{i,t-1} \\
& + \sum year + \sum indus + \varepsilon_{i,t}
\end{aligned}
$$

$Inv_{i,t}$为企业当年投资水平，用投资率来反映，包括固定资产、无形资产和其他长期资产所回收的现金差额，然后将其除以年初总资产，作为投资率。

$Growth_{i,t-1}$为公司上一年的投资机会，以 tobin Q 值来反映；$Lev_{i,t-1}$为上市公司上一年的杠杆比率；$Cash_{i,t-1}$为上市公司上一年的现金比率，以现金持有量与总资产的比值来反映；$Listage_{i,t-1}$为上市公司的上市年龄；$Size_{i,t-1}$为企业规模，以年初资产总额来反映；$Ret_{i,t-1}$为公司上一年的股票收益率，以市值的增长率来衡量。

本书对“非正常投资”的测算主要借鉴上市公司研究中对“过度投资”的测算，这类研究基本沿用了 Richadson（2006）的模型测算方法。Richardson（2006）利用模型残差的正负值来判断企业是否存在过度投资，如果残差值为正，则表明存在过度投资。本书主要利用该模型的残差测度企业所受到的外生投资冲击的大小，以判断国有企业分红的下降是否来自企业过度投资的突然增加。这种过度投资首先区别于基于投资机会的合理投资，也区别于代理问题和融资约束所决定的投资水平，对于非国有企业，可以认为是未预期到的其它因素的导致的投资增加，而对于国有企业，通常可以认为是行政命令所导致的投资增加，例如为了弥补 2007 年以后私人部门投资的大幅度下滑，由国有控股上市公司来承担稳定投资和经济的任务。

因为在本书中“非正常投资”是一个偏中性的概念，而“过度投资”在公司金融领域是一个偏负面含义的概念，为了保持中性的判断，本书基本都成为“非正常投资”，用 Abnormal investment 的简称“Abninv”作为变量名。

在非常投资的估算模型中，有两个关键变量：一个是实际投资量，一个是投资机会，现有研究对这两个关键变量的代理变量选取上分别存在两种不同选择。对于实际投资代理变量的选取，有研究根据现金流量表披露的信息测算，有研究则根据资产负债表披露的信息测算；对于投资机会代理变量的选取，有研究用销售额或者营业利润的增长率，有研究则用托宾 Q 值。这两种不同代理变量的组合，一共组成了三种主流的对非正常投资的估算方法。

为了保证过度投资测算的稳健性，本书沿用三种模型对正常投资进行估算，这三种模型测算的主要不同在于对实际投资和投资机会的代理变量选取有所不同。这三种模型估算所得到的残差作为过度投资的三种不同测算值。

第四节　实证研究结果

一、描述性统计

对分红“结构之谜”的模型中主要变量的描述性统计如表 3－4 所示，在描述性统计中本书将国有控股和非国有控股上市公司各个变量的情况进行了分组对比。与此同时，为便于看到国际金融危机前后国有控股和非国有控股上市公司各个变量的变化情况，本书进一步将样本按照国际金融危机前后进行更为细致的对比。从表 3－5 中可以看到，在国际金融危机以前，非国有控股上市公司分红意愿及分红水平均显著低于国有控股上市公司，与此同时，其杠杆率显著高于国有控股上市公司；从表 3—6 中则可以看到，在国际金融危机以后，这个变量的情况发生了明显扭转，非国有控股上市公司分红意愿及分红水平均显著高于国有控股上市公司，与此同时，其杠杆率显著低于国有控股上市公司。其中杠杆率差值从 3%到—13%，变化幅度达到 16 个百分点；分红水平差值则从—7.7%到 5%，变化幅度达 12.7 个百分点，均存在较大幅度的变化，这与本书图 3—1 和图 3—2 的走势基本一致。其他变量中除了非流通股占比外，未见这种较大幅度的结构性扭转。

表 3—4　全样本的描述性统计

变　量	非国有控股		国有控股		均值之差	t 值
	样本量	均　值	样本量	均　值		
是否分红（d _ payout）	7328	0.698	8682	0.645	0.053***	7.086
分红水平（payout）	7328	26.280	8682	23.914	2.367***	4.946
杠杆率（lev）	7328	41.685	8682	52.018	—10.333***	—31.719
股权集中度（shrcr1）	7328	33.455	8682	40.615	—7.160***	—29.774
股权制衡（shrs）	7328	24.158	8682	17.000	7.159***	36.298
两权分离系数（seperation）	7328	7.312	8682	4.178	3.134***	24.872
机构投资者持股比例（inst _ hold）	7328	6.380	8682	8.561	—2.181***	—12.730
非流通股占比（notrade）	7328	32.644	8682	28.232	4.412***	10.525
是否纳入融资融券标的（short _ list）	7328	0.106	8682	0.140	—0.034***	—6.589
销售增长率（sale）	7328	22.315	8682	18.763	3.552***	4.792
账面市值比（MBR）	7328	0.470	8682	0.617	—0.146***	—38.040
托宾 Q 值（tobinQ）	7328	2.764	8682	1.657	1.107***	34.243

注：t 值为样本分组的 t 检验结果。***、**、* 分别表示 1%、5%、10%的统计显著水平。

表 3—5　样本的描述性统计：国际金融危机以前

变　量	非国有控股		国有控股		均值之差	t 值
	样本量	均　值	样本量	均　值		
是否分红（d _ payout）	1030	0.497	2644	0.595	−0.098***	−5.418
分红水平（payout）	1030	19.292	2644	26.999	−7.707***	−6.776
杠杆率（lev）	1030	53.299	2644	50.359	2.941***	4.158
股权集中度（shrcr1）	1030	31.688	2644	42.647	−10.958***	−19.198
股权制衡（shrs）	1030	24.641	2644	17.198	7.443***	15.920
两权分离系数（seperation）	1030	10.363	2644	4.064	6.299***	22.070
机构投资者持股比例（inst _ hold）	1030	8.384	2644	9.430	−1.046	−2.066
非流通股占比（notrade）	1030	50.661	2644	54.133	−3.472***	−6.294
是否纳入融资融券标的（short _ list）	1030	0.000	2644	0.000	0.000	.
销售增长率（sale）	1030	26.721	2644	25.939	0.782	0.447
账面市值比（MBR）	1030	0.566	2644	0.627	−0.061***	−6.588
托宾 Q 值（tobinQ）	1030	1.985	2644	1.571	0.413***	6.855

注：t 值为样本分组的 t 检验结果。***、**、* 分别表示 1%、5%、10%的统计显著水平。

表 3—6　样本的描述性统计：国际金融危机以后

变　量	非国有控股		国有控股		均值之差	t 值
	样本量	均　值	样本量	均　值		
是否分红（d _ payout）	6298	0.730	6038	0.666	0.064***	7.759
分红水平（payout）	6298	27.423	6038	22.563	4.861***	9.057
杠杆率（lev）	6298	39.786	6038	52.745	−12.959***	−34.984
股权集中度（shrcr1）	6298	33.744	6038	39.725	−5.981***	−22.150
股权制衡（shrs）	6298	24.079	6038	16.912	7.167***	32.238
两权分离系数（seperation）	6298	6.813	6038	4.227	2.586***	18.084
机构投资者持股比例（inst _ hold）	6298	6.053	6038	8.181	−2.128***	−12.174
非流通股占比（notrade）	6298	29.697	6038	16.889	12.807***	29.011

续表

变　量	非国有控股		国有控股		均值之差	t 值
	样本量	均　值	样本量	均　值		
是否纳入融资融券标的（short _ list）	6298	0.123	6038	0.201	－0.078***	－11.916
销售增长率（sale）	6298	21.595	6038	15.621	5.973***	7.168
账面市值比（MBR）	6298	0.455	6038	0.613	－0.158***	－36.750
托宾 Q 值（tobinQ）	6298	2.891	6038	1.694	1.197***	31.235

注：t 值为样本分组的 t 检验结果。***、**、* 分别表示 1%、5%、10%的统计显著水平。

二、企业杠杆与企业分红水平

如表 3—7 所示列示了企业分红水平与杠杆之间关系的实证结果。第（1）列可以视为 Rozeff（1982）的基准模型结果，从第（1）列可以看到，控制权性质与是否处于国际金融危机以后这两个虚拟变量的交乘项 past * d _ equity 的系数结果在 1%的水平上显著为负，其值为－15%。证实了分红“结构效应”的存在，表明在国际金融危机以后非国有控股上市公司相对于国有控股上市公司出现了明显提升，提升幅度大约为 15%，这与描述性统计结果中分红水平 12.7%的幅度变化基本一致。从第（2）列可以看到，杠杆率 lev 的系数在 1%的统计水平显著为负值，表明上市公司负债率越高，分红水平越低，证实了本书的原假设。更为关键的是，我们将第（2）列与第（1）列进行比较，可以发现，加入了杠杆率变量以后，交乘项系数下降到－8.9%，说明杠杆水平的变化能解释股权因素影响的一部分，换句话说，分红“结构之谜”中很大一部分可以为杠杆率的变化所解释，大概解释了 1/3 分红结构效应，这也是本书较为重要的发现。而从（3）到（6）列中，我们可以看到，在陆续引入两权分离系数、机构投资者持股比例、非流通股占比、是否纳入融资融券标的等变量以后，交乘项的系数并没有发生显著变化，均在－9%的水平。这意味着，相比于杠杆率变化的因素，其他变量的变化并不能在很大程度上解释股权因素影响的部分。换句话说，相较于其他能影响委托代理成本的因素，资本结构变化在解释分红“结构之谜”方面，具有更强的解释力。

表 3—7 企业分红水平与企业杠杆率

	(1)	(2)	(3)	(4)	(5)	(6)
d _ equity	6.201***	2.860*	2.770*	2.732*	2.735*	2.725*
	(3.79)	(1.79)	(1.71)	(1.68)	(1.68)	(1.68)
past	14.71***	5.563***	5.507***	5.551***	4.396**	4.452**
	(6.92)	(2.69)	(2.65)	(2.67)	(2.07)	(2.08)
past * d _ equity	−15.41***	−8.909***	−8.868***	−8.878***	−9.357***	−9.340***
	(−8.53)	(−5.06)	(−5.02)	(−5.03)	(−5.27)	(−5.26)
lev		−0.776***	−0.775***	−0.775***	−0.780***	−0.780***
		(−38.08)	(−37.98)	(−37.95)	(−38.03)	(−37.95)
seperation			−0.0122	−0.0130	−0.0321	−0.0319
			(−0.29)	(−0.33)	(−0.75)	(−0.75)
inst _ hold				0.0130	0.0109	0.0109
				(0.42)	(0.35)	(0.35)
notrade					−0.0491***	−0.0494***
					(−2.77)	(−2.77)
short _ list						−0.222
						(−0.19)
	(−8.53)	(−5.06)	(−5.02)	(−5.03)	(−5.27)	(−5.26)
shrcr1	0.540***	0.402***	0.403***	0.403***	0.438***	0.438***
	(20.96)	(16.06)	(15.97)	(15.93)	(15.47)	(15.40)
shrs	0.480***	0.357***	0.357***	0.356***	0.394***	0.394***
	(15.58)	(11.95)	(11.94)	(11.84)	(11.91)	(11.84)
growth	−0.0388***	−0.0111	−0.0112	−0.0112	−0.00860	−0.00867

续 表

	(1)	(2)	(3)	(4)	(5)	(6)
	(−5.06)	(−1.49)	(−1.49)	(−1.49)	(−1.14)	(−1.15)
MBR	−13.18***	−8.383***	−8.395***	−8.276***	−8.311***	−8.360***
	(−5.14)	(−3.36)	(−3.36)	(−3.29)	(−3.30)	(−3.31)
tobinQ	−0.758***	−2.474***	−2.476***	−2.477***	−2.484***	−2.484***
	(−2.78)	(−8.89)	(−8.89)	(−8.89)	(−8.91)	(−8.92)
size	7.337***	11.11***	11.12***	11.09***	11.04***	11.06***
	(13.46)	(20.52)	(20.49)	(20.31)	(20.22)	(19.84)
MV	−1.46e−10***	−1.64e−10***	−1.65e−10***	−1.64e−10***	−1.67e−10***	−1.66e−10***
	(−7.88)	(−9.22)	(−9.21)	(−9.16)	(−9.28)	(−9.12)
cashflow	0.906***	0.563***	0.563***	0.563***	0.545***	0.545***
	(5.95)	(3.78)	(3.78)	(3.78)	(3.66)	(3.66)
PE1	0.0202***	0.0244***	0.0244***	0.0244***	0.0244***	0.0244***
	(8.26)	(10.28)	(10.28)	(10.28)	(10.30)	(10.30)
exchange	−0.922	0.563	0.565	0.560	0.265	0.266
	(−1.25)	(0.79)	(0.79)	(0.78)	(0.37)	(0.37)
行　业	Yes	Yes	Yes	Yes	Yes	Yes
时　间	Yes	Yes	Yes	Yes	Yes	Yes
常数项	−186.5***	−215.8***	−215.9***	−215.5***	−213.9***	−214.3***
	(−16.11)	(−19.13)	(−19.13)	(−19.00)	(−18.85)	(−18.58)
样本量	16010	16010	16010	16010	16010	16010

注：***、**、* 分别表示1%、5%、10%的统计显著水平。

另外，本书还检验了过度投资因素是否对分红“结构之谜”具有一定的解释力，结果如表3−8所示。从第（3）、第（4）、第（5）列的结果看到，基于三种不同的测度，均未发现过度投资的变化对分红“结构之谜”具有解释力。

表 3—8 企业分红水平与过度投资

	(1)	(2)	(3)	(4)	(5)
d _ equity	2.806*	2.799*	2.128	2.129	2.139
	(1.72)	(1.72)	(1.06)	(1.06)	(1.06)
past	5.310**	4.449**	4.784*	4.785*	4.790*
	(2.47)	(2.07)	(1.94)	(1.94)	(1.94)
past * d _ equity	−9.152***	−9.192***	−8.598***	−8.598***	−8.606***
	(−5.15)	(−5.17)	(−4.00)	(−4.00)	(−4.01)
lev	−0.777***	−0.778***	−0.715***	−0.715***	−0.715***
	(−37.71)	(−37.77)	(−31.23)	(−31.23)	(−31.20)
inv	0.408***				
	(6.72)				
inv1		0.168***			
		(4.86)			
abninv1			0.0255		
			(0.29)		
abninv2				0.0242	
				(0.28)	
abninv3					0.00413
					(0.10)
shrcr1	0.432***	0.438***	0.401***	0.401***	0.401***
	(15.20)	(15.40)	(13.14)	(13.14)	(13.14)
shrs	0.378***	0.386***	0.351***	0.351***	0.351***
	(11.35)	(11.60)	(9.69)	(9.69)	(9.69)
seperation	−0.0243	−0.0265	−0.0185	−0.0185	−0.0185
	(−0.57)	(−0.62)	(−0.39)	(−0.39)	(−0.39)
inst _ hold	0.00706	0.00984	0.00122	0.00123	0.00138
	(0.23)	(0.32)	(0.04)	(0.04)	(0.04)
notrade	−0.0551***	−0.0588***	−0.0628***	−0.0628***	−0.0629***
	(−3.09)	(−3.28)	(−3.21)	(−3.22)	(−3.21)
short _ list	−0.129	−0.102	−1.132	−1.132	−1.135

续 表

	(1)	(2)	(3)	(4)	(5)
	(−0.11)	(−0.09)	(−0.92)	(−0.92)	(−0.92)
growth	−0.00969	−0.0167**	−0.0111	−0.0111	−0.0112
	(−1.28)	(−2.16)	(−1.30)	(−1.30)	(−1.29)
MBR	−7.799***	−8.478***	−8.515***	−8.516***	−8.553***
	(−3.08)	(−3.35)	(−3.11)	(−3.11)	(−3.13)
tobinQ	−2.462***	−2.586***	−2.189***	−2.190***	−2.192***
	(−8.84)	(−9.24)	(−7.29)	(−7.29)	(−7.28)
size	10.74***	10.68***	10.83***	10.83***	10.83***
	(19.19)	(18.96)	(17.34)	(17.34)	(17.23)
MV	−1.64e−10***	−1.60e−10***	−1.57e−10***	−1.57e−10***	−1.57e−10***
	(−9.02)	(−8.77)	(−8.23)	(−8.23)	(−8.21)
cashflow	0.605***	0.594***	0.681***	0.681***	0.680***
	(4.05)	(3.97)	(4.16)	(4.16)	(4.15)
PE1	0.0250***	0.0246***	0.0277***	0.0277***	0.0277***
	(10.54)	(10.36)	(10.52)	(10.52)	(10.52)
exchange	0.500	0.349	0.621	0.621	0.620
	(0.69)	(0.48)	(0.78)	(0.78)	(0.78)
行　业	Yes	Yes	Yes	Yes	Yes
时　间	Yes	Yes	Yes	Yes	Yes
常数项	−209.5***	−206.4***	−210.8***	−210.8***	−210.8***
	(−18.12)	(−17.72)	(−16.21)	(−16.21)	(−16.07)
N	16010	16010	12197	12197	12197

注：***、**、*分别表示1%、5%、10%的统计显著水平。

虽然非国有控股上市公司在国际金融危机时期面临的是被迫“去杠杆”的压力，但他们及时地通过提升分红水平，既有利于改善公司治理水平，还能增加对投资者的吸引力，依靠资本市场增加权益资本获得融资。有证据表明，在国际金融危机以后非国有控股上市公司得以成功“去杠杆”，主要在于其通过资本市场募集了更多资金。如图 3—7 所示，在国际金融危机以后，非国有控股上市公司通过增发募集的资金显著高于非国有控股上市公司，这也进一步证实了非国有控股上市公司在国际金融危机后更加依赖于资本市场进行直接融资，这是非国有控股上市公司"去杠杆"的主要方式。

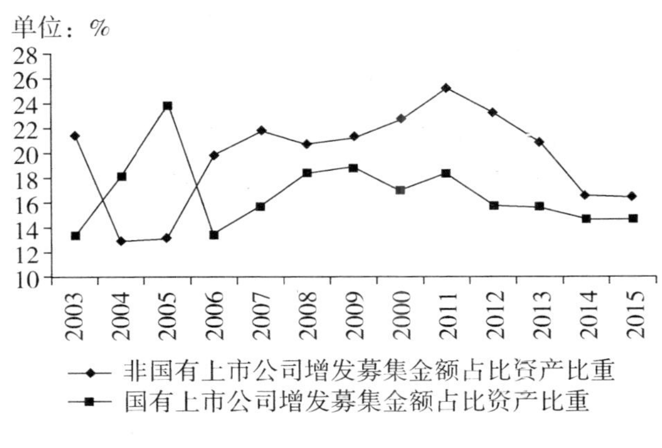

图 3—7 上市公司增发情况

三、企业杠杆与企业分红意愿

如表 3—9 所示列示了企业分红意愿与企业杠杆率之间关系的实证结果。第（1）列可以视为 Rozeff（1982）的基准模型结果，从第（1）列可以看到，控制权性质与是否处于国际金融危机以后这两个虚拟变量的交乘项 past ∗ d _ equity 的系数结果在 1%的水平上显著为负，其值为－15%。证实了分红"结构效应"的存在，表明在国际金融危机以后非国有控股上市公司相对于国有控股上市公司出现了明显提升，提升幅度大约为 15%，这与描述性统计结果中分红水平 12.7%的幅度变化基本一致。从第（2）列可以看到，杠杆率 lev 的系数在 1%的统计水平显著为负值，表明上市公司负债率越高，分红水平越低，证实了本书的原假设。更为关键的是，我们将第（2）列与第（1）列进行比较，可以发现，加入了杠杆率变量以后，交乘项系数下降到－8.9%，说明杠杆水平的变化能解释股权因素影响的一部分，换句话说，分红“结构之谜”中很大一部分可以为杠杆率的变化所解释，这也是本书较为重要的发现。而从（3）到（6）列中，我们可以看到，在陆续引入两权分离系数、机构投资者持股比例、非流通股占比、是否纳入融资融券标的等变量以后，交乘项的系数并没有发生显著变化，均在－9%的水平。这意味着，相比于杠杆率变化的因素，其他变量的变化并不能在很大程度上解释股权因素影响的部分。换句话说，相较于其他能影响委托代理成本的因素，资本结构变化在解释分红“结构之谜”方面，具有更强的解释力。

表 3－9　企业分红意愿与企业杠杆率

	(1)	(2)	(3)	(4)	(5)	(6)
d _ payout						
d _ equity	0.0830	－0.0144	－0.0268	－0.0401	－0.0391	－0.0390
	(1.20)	(－0.20)	(－0.37)	(－0.56)	(－0.54)	(－0.54)
past	0.332***	0.0569	0.0490	0.0638	0.00366	0.00277
	(4.68)	(0.75)	(0.64)	(0.83)	(0.05)	(0.03)
past _ d _ equity	－0.365***	－0.148**	－0.142**	－0.145**	－0.169**	－0.169**
	(－5.24)	(－2.08)	(－2.00)	(－2.03)	(－2.36)	(－2.36)
shrcr1	0.0142***	0.0105***	0.0107***	0.0106***	0.0125***	0.0125***
	(9.94)	(7.02)	(7.04)	(7.02)	(7.47)	(7.46)
shrs	0.0151***	0.0121***	0.0121***	0.0115***	0.0136***	0.0136***
	(8.83)	(6.62)	(6.62)	(6.36)	(6.80)	(6.79)
growth	0.000235	0.000942***	0.000937***	0.000944***	0.00107***	0.00107***
	(0.83)	(3.03)	(3.01)	(3.04)	(3.48)	(3.47)
MBR	－0.911***	－0.893***	－0.894***	－0.858***	－0.864***	－0.864***

续　表

	(1)	(2)	(3)	(4)	(5)	(6)
	(−7.29)	(−6.91)	(−6.91)	(−6.58)	(−6.61)	(−6.63)
tobinQ	0.00582	−0.0530***	−0.0531***	−0.0538***	−0.0538***	−0.0538***
	(0.50)	(−4.41)	(−4.42)	(−4.48)	(−4.48)	(−4.48)
size	0.419***	0.576***	0.578***	0.569***	0.569***	0.568***
	(13.91)	(18.18)	(18.23)	(17.81)	(17.77)	(17.67)
MV	−5.86e−12***	−6.74e−12***	−6.80e−12***	−6.62e−12***	−6.78e−12***	−6.79e−12***
	(−4.95)	(−5.92)	(−5.97)	(−5.82)	(−5.90)	(−5.81)
cashflow	0.0228***	0.0138***	0.0139***	0.0138***	0.0131**	0.0131**
	(4.53)	(2.63)	(2.64)	(2.63)	(2.49)	(2.48)
PE1	−0.000976***	−0.00104***	−0.00104***	−0.00103***	−0.00103***	−0.00103***
	(−11.40)	(−11.16)	(−11.18)	(−11.10)	(−11.13)	(−11.13)
exchange	−0.0697	−0.0164	−0.0161	−0.0171	−0.0303	−0.0304
	(−1.53)	(−0.37)	(−0.36)	(−0.38)	(−0.68)	(−0.68)
lev		−0.0270***	−0.0270***	−0.0269***	−0.0272***	−0.0272***
		(−22.49)	(−22.38)	(−22.34)	(−22.46)	(−22.43)
seperation			−0.00173	−0.00293	−0.00367	−0.00367
			(−0.74)	(−1.25)	(−1.57)	(−1.57)
inst_hold				0.00415**	0.00400**	0.00400**
				(2.05)	(1.98)	(1.98)
notrade					−0.00266***	−0.00266***
					(−3.01)	(−3.01)
short_list						0.00387
						(0.07)
行　业	Yes	Yes	Yes	Yes	Yes	Yes
时　间	Yes	Yes	Yes	Yes	Yes	Yes
_cons	−9.542***	−11.16***	−11.18***	−11.01***	−10.99***	−10.98***
	(−15.09)	(−17.21)	(−17.23)	(−16.38)	(−16.80)	(−16.70)

续 表

	(1)	(2)	(3)	(4)	(5)	(6)
r2						
r2 _ w						
N	16010	16010	16010	16010	16010	16010
F						

注：***、**、* 分别表示1%、5%、10%的统计显著水平。

另外，本书还检验了过度投资因素是否对分红“结构之谜”具有一定的解释力，结果如表3—10所示。从第（3）、第（4）、第（5）列的结果看到，基于三种不同的测度，均未发现过度投资的变化对分红“结构之谜”具有解释力。

表3—10 企业分红意愿与过度投资

	(1)	(2)	(3)	(4)	(5)
d _ payout					
d _ equity	−0.0299	−0.0316	−0.0597	−0.0597	−0.0585
	(−0.42)	(−0.44)	(−0.68)	(−0.69)	(−0.67)
past	0.0512	0.00648	0.00470	0.00458	0.00137
	(0.62)	(0.08)	(0.05)	(0.05)	(0.01)
past _ d _ equity	−0.169**	−0.164**	−0.139	−0.139	−0.137
	(−2.34)	(−2.28)	(−1.58)	(−1.58)	(−1.56)
lev	−0.0269***	−0.0270***	−0.0266***	−0.0266***	−0.0266***
	(−22.31)	(−22.30)	(−18.72)	(−18.73)	(−18.73)
inv	0.0213***				
	(7.20)				
shrcr1	0.0122***	0.0125***	0.0114***	0.0114***	0.0115***
	(7.27)	(7.44)	(6.12)	(6.12)	(6.16)
shrs	0.0127***	0.0130***	0.0126***	0.0126***	0.0126***
	(6.34)	(6.53)	(5.54)	(5.54)	(5.53)
seperation	−0.00323	−0.00332	−0.00302	−0.00302	−0.00300

续　表

	(1)	(2)	(3)	(4)	(5)
	(−1.37)	(−1.42)	(−1.17)	(−1.17)	(−1.16)
inst _ hold	0.00388*	0.00400**	0.00360	0.00360	0.00362
	(1.93)	(2.00)	(1.63)	(1.63)	(1.64)
notrade	−0.00297***	−0.00319***	−0.00363***	−0.00363***	−0.00376***
	(−3.36)	(−3.60)	(−3.73)	(−3.73)	(−3.86)
short _ list	0.00717	0.0115	−0.0422	−0.0422	−0.0406
	(0.13)	(0.21)	(−0.71)	(−0.71)	(−0.68)
growth	0.00102***	0.000666**	0.000947***	0.000947***	0.000813**
	(3.36)	(2.19)	(2.60)	(2.60)	(2.25)
MBR	−0.839***	−0.870***	−0.936***	−0.935***	−0.947***
	(−6.45)	(−6.70)	(−6.39)	(−6.39)	(−6.48)
tobinQ	−0.0537***	−0.0598***	−0.0462***	−0.0461***	−0.0483***
	(−4.48)	(−4.91)	(−3.44)	(−3.44)	(−3.58)
size	0.549***	0.545***	0.596***	0.596***	0.591***
	(17.05)	(16.80)	(15.99)	(15.98)	(15.74)
MV	−6.60e−12***	−6.40e−12***	−6.82e−12***	−6.81e−12***	−6.72e−12***
	(−5.66)	(−5.49)	(−5.36)	(−5.36)	(−5.29)
cashflow	0.0151***	0.0150***	0.0215***	0.0215***	0.0217***
	(2.92)	(2.87)	(3.46)	(3.46)	(3.49)
PE1	−0.00101***	−0.00103***	−0.000992***	−0.000992***	−0.000997***
	(−10.93)	(−11.16)	(−9.32)	(−9.31)	(−9.37)
exchange	−0.0175	−0.0263	−0.0182	−0.0182	−0.0191
	(−0.39)	(−0.59)	(−0.37)	(−0.37)	(−0.39)
inv1		0.00934***			
		(6.50)			
abninv1			0.00699**		
			(2.07)		
abninv2				0.00719**	
				(2.13)	

续 表

	(1)	(2)	(3)	(4)	(5)
abninv3					0.00353**
					(2.08)
行　业	Yes	Yes	Yes	Yes	Yes
时　间	Yes	Yes	Yes	Yes	Yes
_ cons	−10.67***	−10.49***	−11.56***	−11.56***	−11.43***
	(−16.27)	(−15.83)	(−15.10)	(−15.09)	(−14.79)
r2					
r2 _ w					
N	16010	16010	12197	12197	12197
F					

注：***、**、*分别表示1%、5%、10%的统计显著水平。

第五节　稳健性检验

（一）分红结构效应的Heckman两步法检验

当上市公司现金股利作为被解释变量时，需要注意到这是一个受限因变量，其分布与我们常见的正态分布有所不同，因此本书选择专门针对受限因变量的Tobit模型作为回归的基本框架，以对中国上市公司分红的结构效应进行识别。但在上市公司分红行为的研究中还存在一种常见做法，考虑可能存在的样本自选择问题，即上市公司是否决定分红与某些因素相关，样本选择问题是内生性的一个重要来源。对于样本选择问题，Heckman（1979）提出了一种两步法来处理，本书借鉴这种方法对研究进行稳健性检验。Heckman两步法，将分红决策视为两个阶段：第一阶段，企业将决定是否发放现金股利，这是涉及到二元决策行为，是因变量为虚拟变量的二元回归模型；第二阶段，对于部分已经决定分红的上市公司，还需要决定发放多少现金股利。第一阶段，用 probit 模型估计上市公司决定发放现金股利的概率。第二阶段，则用 OLS 回归估计解释变量对现金股利发放水平的影响，在第二阶段的模型处理中引入了逆米尔斯比率（IMR）。如表 3－11 所示，其与 Tobit 模型得出的结果非常接近，结果较为稳健。

表 3－11 分红水平与杠杆：Heckman 两步法检验

	(1)	(2)	(3)	(4)	(5)	(6)
	heckit *	heckit2	heckit3	heckit4	heckit5	heckit6
payout						
d _ equity	6.406***	3.794***	4.057***	4.205***	4.206***	4.338***
	(3.99)	(2.74)	(2.88)	(3.00)	(3.00)	(3.10)
past	8.512***	0.466	0.683	0.247	0.0616	−0.794
	(3.22)	(0.26)	(0.38)	(0.14)	(0.03)	(−0.44)
past _ d _ equity	−14.41***	−8.335***	−8.492***	−8.255***	−8.330***	−8.650***
	(−6.01)	(−5.35)	(−5.44)	(−5.32)	(−5.34)	(−5.51)
shrcr1	0.434***	0.258***	0.257***	0.250***	0.255***	0.270***
	(6.67)	(8.88)	(8.78)	(8.61)	(8.36)	(8.25)
shrs	0.364***	0.184***	0.187***	0.184***	0.189***	0.205***
	(5.05)	(5.39)	(5.48)	(5.50)	(5.43)	(5.53)
growth	−0.0694***	−0.0497***	−0.0493***	−0.0500***	−0.0496***	−0.0480***
	(−9.42)	(−7.02)	(−6.95)	(−7.09)	(−6.98)	(−6.69)
MBR	1.107	7.172***	7.136***	6.589***	6.604***	7.168***
	(0.34)	(3.06)	(3.04)	(2.84)	(2.84)	(3.09)
tobinQ	−1.184***	−2.201***	−2.201***	−2.172***	−2.173***	−2.178***
	(−4.68)	(−8.61)	(−8.60)	(−8.53)	(−8.54)	(−8.55)
size	1.618	1.564	1.617	1.437	1.416	1.187
	(1.05)	(1.40)	(1.45)	(1.31)	(1.29)	(1.09)
MV	−3.28e−11	−1.19e−11	−1.17e−11	−1.05e−11	−1.06e−11	−1.64e−11
	(−1.17)	(−0.63)	(−0.61)	(−0.56)	(−0.57)	(−0.87)

续　表

	(1)	(2)	(3)	(4)	(5)	(6)
cashflow	1.016***	0.671***	0.675***	0.676***	0.673***	0.665***
	(5.78)	(4.87)	(4.89)	(4.93)	(4.90)	(4.85)
PE1	0.110***	0.123***	0.123***	0.123***	0.123***	0.123***
	(19.86)	(32.72)	(32.68)	(33.04)	(33.05)	(33.12)
exchange	−0.0639	1.199**	1.182**	1.229**	1.179**	1.123*
	(−0.09)	(2.02)	(1.99)	(2.08)	(1.97)	(1.87)
lev		−0.406***	−0.412***	−0.396***	−0.396***	−0.396***
		(−7.57)	(−7.69)	(−7.46)	(−7.47)	(−7.46)
seperation			0.0337	0.0543	0.0517	0.0450
			(1.01)	(1.59)	(1.50)	(1.30)
inst _ hold				−0.0762***	−0.0767***	−0.0755***
				(−2.93)	(−2.94)	(−2.90)
notrade					−0.00755	−0.0168
					(−0.55)	(−1.15)
short _ list						2.168**
						(2.39)
行　业	Yes	Yes	Yes	Yes	Yes	Yes
时　间	Yes	Yes	Yes	Yes	Yes	Yes
_ cons	−49.49	−8.010	−9.498	−4.600	−4.039	0.191
	(−1.22)	(−0.33)	(−0.39)	(−0.19)	(−0.17)	(0.01)
select						
d _ equity	0.108**	−0.00208	−0.0168	−0.0321	−0.0321	−0.0287
	(2.20)	(−0.04)	(−0.32)	(−0.61)	(−0.61)	(−0.54)
past	0.464***	0.191***	0.184***	0.195***	0.195***	0.141***
	(10.12)	(3.92)	(3.77)	(3.98)	(3.98)	(2.77)
past _ d _ equity	−0.414***	−0.177***	−0.169***	−0.172***	−0.172***	−0.194***
	(−7.58)	(−3.07)	(−2.93)	(−2.97)	(−2.97)	(−3.34)
shrcr1	0.0156***	0.0112***	0.0113***	0.0112***	0.0112***	0.0131***
	(19.14)	(13.07)	(13.13)	(13.02)	(13.02)	(13.29)

续 表

	(1)	(2)	(3)	(4)	(5)	(6)
shrs	0.0171***	0.0130***	0.0129***	0.0123***	0.0123***	0.0144***
	(17.37)	(12.50)	(12.49)	(11.75)	(11.75)	(12.27)
growth	0.000226	0.00103***	0.00102***	0.00103***	0.00103***	0.00116***
	(0.99)	(4.31)	(4.29)	(4.29)	(4.29)	(4.80)
MBR	−0.585***	−0.638***	−0.640***	−0.613***	−0.613***	−0.593***
	(−8.02)	(−8.25)	(−8.27)	(−7.89)	(−7.89)	(−7.61)
tobinQ	0.00459	−0.0581***	−0.0584***	−0.0589***	−0.0589***	−0.0593***
	(0.55)	(−6.23)	(−6.25)	(−6.31)	(−6.31)	(−6.35)
size	0.367***	0.541***	0.542***	0.535***	0.535***	0.528***
	(22.43)	(29.86)	(29.88)	(29.37)	(29.37)	(28.87)
MV	−5.43e−12***	−6.39e−12***	−6.47e−12***	−6.30e−12***	−6.30e−12***	−6.37e−12***
	(−8.28)	(−9.28)	(−9.35)	(−9.08)	(−9.08)	(−9.16)
cashflow	0.0242***	0.0139***	0.0140***	0.0139***	0.0139***	0.0133***
	(5.26)	(2.88)	(2.90)	(2.89)	(2.89)	(2.76)
PE1	−0.00102***	−0.00108***	−0.00108***	−0.00107***	−0.00107***	−0.00108***
	(−13.98)	(−14.19)	(−14.21)	(−14.09)	(−14.09)	(−14.15)
exchange	−0.0784***	−0.0136	−0.0130	−0.0152	−0.0152	−0.0247
	(−3.39)	(−0.56)	(−0.54)	(−0.62)	(−0.62)	(−1.01)
lev		−0.0271***	−0.0271***	−0.0270***	−0.0270***	−0.0272***
		(−38.50)	(−38.38)	(−38.27)	(−38.27)	(−38.39)
seperation			−0.00203	−0.00339**	−0.00339**	−0.00405***
			(−1.40)	(−2.27)	(−2.27)	(−2.69)
inst _ hold				0.00450***	0.00450***	0.00447***
				(3.96)	(3.96)	(3.93)
notrade						−0.00247***
						(−3.97)
_ cons	−8.279***	−10.20***	−10.22***	−10.09***	−10.09***	−9.930***
	(−24.40)	(−27.92)	(−27.94)	(−27.51)	(−27.51)	(−26.88)

续 表

	(1)	(2)	(3)	(4)	(5)	(6)
mills						
lambda	28.09***	13.23***	13.61***	12.21***	12.16***	12.38***
	(3.48)	(3.03)	(3.12)	(2.81)	(2.80)	(2.87)
r2						
r2 _ w						
N	16010	16010	16010	16010	16010	16010
F						

注：表中系数值下面小括号内为 t 值，中括号内为 p 值。***、**、* 分别表示 1%、5%、10%的统计显著水平。

（二）分红结构效应的 PSM－DID 方法检验

本书选用双重差分的方法来识别中国上市公司的结构效应，对于双重差分的识别策略，主要依赖于事前的平行趋势假设，而且假设这种趋势在事后也不随时间发生结构性变化。这是一个较严格的研究假设。虽然本书经检验发现国有控股和非国有控股上市公司未来的分红趋势满足平行趋势的假设，但鉴于国有控股和非国有控股上市公司本身存在的异质性，我们也并不能确定这些异质性因素不影响国有控股和非国有控股上市公司未来的分红趋势保持不变。为了克服这一难题，本书综合倾向得分匹配与双重差分（PSM－DID）的方法，通过匹配来控制二者存在的异质性因素，进一步识别中国上市公司分红的结构效应。样本匹配结果如表 3－12 所示，从中可以看到每个变量的匹配效果较好，满足样本平衡假设的条件。PSM－DID 识别的结果效应如表 3－13 所示，从结果中可以看到分红的结构效应依然显著为负，与单纯的双重差分回归结果存在差异，可能源于匹配产生样本选择，但在显著性及符号方向上表明本书结果的稳健性。

表 3－12　匹配的平衡性检验结果

t－test at period ＝ 0：					
WeightedVariable（s）	MeanControl	MeanTreated	Diff.	t	Pr（T>t）
payout	25.532	26.168	0.636	0.50	0.6171
Lpayout	29.016	29.366	0.26	0.7944	0.350
shrcr1	40.900	41.354	0.454	0.67	0.5051
shrs	17.534	17.590	0.056	0.11	0.9115
growth	24.897	24.327	－0.570	0.31	0.7552
MBR	0.621	0.631	0.010	0.86	0.3888
tobinQ	1.662	1.622	－0.040	0.60	0.5511
size	21.835	21.858	0.024	0.57	0.5677
MV	9.8e＋09	1.0e＋10	6.3e＋08	0.91	0.3630
cashflow	0.681	0.723	0.042	0.41	0.6798
PE1	53.282	53.837	0.555	0.11	0.9100
exchange	0.649	0.645	－0.003	0.17	0.8649

注：***、**、*分别表示1%、5%、10%的统计显著水平。

表 3－13　PSM－DID 结果

VARIABLES	（1）payout
Diff－in－diff	－3.321***
	（1.255）
Observations	12，085
R－squared	0.002
Mean control t（0）	25.51
Mean treated t（0）	26.15
Diff t（0）	0.650
Mean control t（1）	25.70
Mean treated t（1）	23.03
Diff t（1）	－2.671

注：表中系数值下面小括号内为 t 值，中括号内为 p 值。***、**、*分别表示1%、5%、10%的统计显著水平。

第六节 进一步讨论

（一）股利政策与投资机会——兼论优序融资理论的时点因素

投资机会通常被认为是影响企业股利政策的重要因素，Myers & Majluf（1984）认为，具有较高投资机会的上市公司，在选择融资方式时面临在支付股利和支付利息之间的权衡选择。因为考虑了资本市场摩擦等现实因素，他们的结论比 MM 定理得出的“股利无关论”“资本结构无关论”更贴近现实情况。

从国际金融危机前后国有控股上市公司和非国有控股上市公司的投资机会的实际变化来看（如表 3—2、表 3—3 所示中的托宾 Q 值和销售增长率），在国际金融危机以前，国有控股上市公司与非国有控股上市公司的投资机会并没有显著差异（销售增长率差异不显著，托宾 Q 值仅高 0.4）；但在国际金融危机以后，非国有控股上市公司的投资机会开始显著高于国有控股上市公司。而根据优序融资理论（Myers & Majluf，1984），在面临投资机会需要融资时，企业会优先选择内部融资，这会导致企业减少对股东分红，然后选择债务融资，最后才会选择股权融资，但股权融资因为面临更高的代理成本，往往需要提高分红。大量经验研究发现，投资机会与分红水平之间通常存在负相关关系，较高的投资机会通常会导致企业降低分红，因而这些研究发现被视为支持优序融资理论的重要经验证据。但是从国际金融危机前后，非国有控股上市公司投资机会增加，分红却出现增加的情况，这似乎与优序融资理论不符。

但是，本书认为，是否违背优序融资理论，需要仔细考察融资需求的时点问题[①]。大量经验研究可能主要观察到了优序融资理论中所提到的融资的第一步或第二部，即内源融资可以满足的阶段，或者债务融资可以满足的阶段，而较少考虑到第三阶段，即需要通过股权融资来满足融资需求的阶段，完全忽视了企业可能面临债务融资也无法满足融资需求的情况。如果考虑到非国有控股上市公司受国际金融危机影响所经历的去杠杆进程，就会发现融资需求的时点实际上已经步入了第三阶段，非国有控股上市公司随着投资机会的增加提高分红这一经验事实，并没有违背优序融资理论。在国际金融危机以后，非国有控股上市公司无法轻易获得债务融资，受这一约束影响，一旦出现内源融资无法满足投资机会增长的需求的情况，非国有控股上市公司将会被迫寻求股权融资，而股权融资方式因为股东具有更多私人信息，则会导致更严重的代理成本，而提高分红便能缓解代理成本对股东造成的损失（Rozeff，1982），因此为了顺利获得股权融资，上市公司将会提高分红水平。

在考虑了杠杆水平变化以后，本书的实证结果正好支持了优序融资理论。从表 3—5 和表 3—7 的回归结果来看，在控制了杠杆率水平以后，无论是分红水平还是分红意愿，均与投资机会 TobinQ 呈负相关关系，这与优序融资理论的主要推论是一致的。如果不考虑杠杆的变化，将会错误地得出优序融资理论不成立的结论，本书的实证研究为澄清这一干扰因素提供了经验证据，也说明在考虑优

① 朱武祥等（2014）曾对学术界所认为的“优序融资假说与权衡假说存在矛盾”的说法提出了不同看法，他认为他们之间并不存在矛盾，Myers 的优序融资假说并不否定权衡假说，Myers 更加关注的是时点融资决策，权衡假说关注的是企业累积的债务水平。Ross et al（2010）也曾指出优序融资假说更注重短期决策，权衡假说更注重长期决策。本书受此启发，从优序融资理论的时点的角度，对有序融资理论提到在不同融资阶段下，分红水平可能存在不同。

序融资理论时，需要仔细考虑融资时点变化时累积债务或者杠杆水平的变化。

值得一提的是，本书认为以上这一过程，完全可能由市场自发地进行，无需强制分红等行政干预。企业通过提高分红来获得股权融资，不仅降低了上市公司的代理成本，而且能满足投资机会增长的需求，也没有降低企业全要素生产率，符合高质量发展的要求。由此可见，非国有控股上市公司在国际金融危机期间所经历的去杠杆进程，是一次完全通过市场手段实现的，通过资本市场机制自发实现了股权融资对债务融资的替代，并且因为分红的提升，改善了上市公司治理，进一步提升了资本市场的效率。实际上，早在2015年确定“三去一降一补”这五项重要任务的时候，中央就明确指出去杠杆任务的核心任务：“在提高生产效率、推动经济增长的过程中改善杠杆结构，增加权益资本比重，以可控方式和可控节奏逐步减少杠杆，防范金融风险压力，促进经济持续健康发展。”将“增加权益资本比重”作为去杠杆任务的手段，无疑对资本市场的作用寄予了厚望。

（二）国际金融危机的冲击及中国转型经济特征所提供的“控制实验”

过去中国经济的特殊环境及转型时期的快速变化为我们提供了很多“控制实验”机会，便于我们更好地识别和验证一些过去常常存在争议的现象和发现。国际金融危机的冲击为本书的经验研究提供了有利的观测视角，为本书识别相关分红与杠杆决策之间相互影响的机制提供了可能。一方面，国际金融危机的冲击提供了新的经验事实，如在国际金融危机后，国有控股上市公司与非国有控股上市公司的分红行为出现分化，这给从传统委托代理视角来解释这种分化现象带来了挑战，由此提出了分红“结构之谜”；另一方面，国际金融危机的冲击又为本书揭示分红“结构之谜”提供了全新的突破口，某些在国际金融危机以前较为稳定或者变化缓慢的变量，因为国际金融危机的冲击而出现了较为剧烈的变化，某些不易考察的慢变量在短期内变成容易考察的快变量，这为本书识别产权性质背后其它因素的作用提供了可能。在国际金融危机以前，国有控股上市公司和非国有控股上市公司在杠杆水平方面在较长一段时间内都保持着稳定，没有发生明显变化，而且似乎并不存在显著差异。而国际金融危机的冲击彻底改变了这种局面，它导致国有控股上市公司和非国有控股上市公司的杠杆水平出现大幅变化，走向分化，这为揭示不同产权下的分红差异提供了一个有力突破口，也是本书从杠杆率水平的视角来解释分红“结构之谜”的重要缘由。本书通过实证检验确定了国有产权及非国有产权分红行为在国际金融危机后产生了“结构效应”，随后在控制了杠杆水平后发现，“结构效应”显著缩小，这不仅证实了杠杆率水平对分红“结构之谜”的解释力，还意味着分红“结构效应”并不能仅凭所有制差异本身来解释，国有控股上市公司及非国有控股上市公司之间存在的分红差异不能简单归为所有制差异，更多地应由不同产权背后的其他可变因素来解释，如用杠杆率水平变化来解释，由此找到解开上市公司分红“结构之谜”的突破口。

（三）关于所有制差异的争论与成见

产权在经济中一直扮演着重要的角色，产权制度被认为是经济中最重要的约束条件。国有产权在经济中究竟发挥着更多正面作用还是负面作用，一直是学界争论的焦点，不同的研究往往会得出不同的结论，并未形成广泛共识，但学界较多人还是偏向于认为国有产权具有更多的负面影响。在国内，国有产权在国民经济领域发挥着越来越重要的作用，很多人根据自身体验指出了国有经济一些让人诟病的地方，这些负面影响确实存在，但并不是国有经济的全部，也并一定仅存于国有经济领域，我们仍然需要对盲目全盘否定国有经济的态度予以警惕，有学者就曾对国有产权相关研究中盲目否定国有经济的现象提出了警惕，如香港中文大学经济系教授宋铮在第十五届孙冶方经济科学颁奖会上发言中指出，在研究中得到国有企业绩效的经验结论时，“有些学者先验地排斥国有企业绩效提升这一发现，觉得一定是哪里出错了。这里的问题不在于国有企业绩效是否确实有所改善，而在于学者对各种可能性是否抱有同等开放的研究态度。不自觉地偏向某些观念（比如国有企业一定搞不好），对一些确实存在的事实持有盲目否定态度”。

经验事实的变化往往会对理论提出不小的挑战，有些理论推断即便能与某个时期内的经验事实较为吻合，在一定时期内具有一定的解释力，但是否能持续跟踪解释经验事实的发展，则是一个具有挑战性的问题。中国作为一个转轨经济体，正处于经济结构性变化非常迅速的时期，特别是在国际金融危机以后，各国都经历了广泛的经济结构调整，中国经济也无不例外地进行了诸多调整，从“四万亿”刺激计划到供给侧结构性改革，在这种剧烈的经济结构变革的背景下，国有产权相关的经验事实是否产生了新的变化，如何借助新的经验事实重新客观评价国有产权的经济影响，都是值得我们关注的问题。

对国有产权相关的经验事实及其变化的关注，是重新评价国有产权的经济影响的新起点。本书提出的中国上市公司分红的“结构之谜”正是这样一个具有深刻结构性变化特征的新经验事实：2007

年以前，国有控股上市公司的平均分红水平稳定地高于非国有控股上市公司，但在2007年以后这种局面发生了扭转，国有控股上市公司的平均分红水平系统地低于非国有控股上市公司。有关分红或现金股利的研究，国内外一直处于“百家争鸣”的状态，因为不断涌现新的经验事实对现有理论发起挑战，Black（1976）较早将之称为“股利之谜”。对于中国上市公司分红行为出现的这种结构性变化，本书将其称之为“结构之谜”，一方面是为了引起国内研究的注意，另一方面则考虑到这一新的经验事实同样对现有理论解释发出了不小的挑战。事实上，在如何客观评价国有产权的经济影响方面，现有研究已经出现了一些悖论。现有研究在样本区间的选择上存在较大程度的割裂，特别是新近的研究无法很好地回应之前的经验事实，只选取最近的某一个样本时期进行分析，却根据不同的经验证据得出了跟以往类似的结论，像过去的研究一样指向国有控股股东存在“掏空”的负面影响，这无疑是有悖常理的。较多早期研究（原红旗，2001；陈信元等，2003；Lin et al，2010）注意到2007年以前那段时期的经验事实，并认为较高的分红是国有控股股东“掏空”上市公司的重要手段；部分近期研究（韩雪，2016）则关注2007年以后时期的经验事实，却将国有控股上市公司较低的分红这一完全不同的行为，同样指向“掏空”动机，只不过他们认为因为现金股利存在较高的税收成本，此时实际控制人会偏向于减少现金分红，并采用关联交易等其它更为隐蔽的手段实现“掏空”目的。不同样本期间的不同经验事实，却均指向国有产权存在“掏空”的负面影响，这种结论无疑是相悖的，对国有产权的评价也是有失于偏颇的。这种将不同时期的经验事实割裂开来的研究方式，有意或无意地回避了上市公司分红的“结构之谜”这一难题，但也错过了重新客观评价不同产权对经济的影响的机会。

本书研究为澄清关于所有制差异的争论与成见提供了一些启示，某种程度上本书的研究正源于尝试跳出某些所有制成见。关于所有制差异的某些成见，与劳动经济学中对性别差异的某些成见的成因有些类似之处。在男女收入差距的研究中，如果忽视男女之间在劳动参与率以及受教育水平等方面存在的差异，仅考虑单一的性别因素的话，那么即便在一个较为开放的现代社会，也容易认为男女收入差距是由性别差异本身所导致的。而不可否认的是，研究中对于某些重要因素的忽视其实有着某些现实原因，例如在现实中，劳动参与率以及受教育水平这些变量在短期内很难观察到显著变化，如果样本研究范围又不够大的话，样本信息就会变得更加模糊，那么即便考虑了这些因素，也容易将这些差异简单归结为性别差异本身。事实上，如果能考察更长样本期的经验数据，人们通常会发现，随着社会的进步，女性劳动参与率以及受教育水平都得到明显提升，男女之间在劳动参与率以及受教育水平等方面存在的差异在不断缩小，男女收入差距也在不断缩小。至此我们可以总结出，性别差异以外的其它可变变量，通常能扮演着更为重要的作用，这也会改变人们对性别差异的认识。不幸的是，这些可变变量通常变化缓慢，需要非常仔细考察这些变量在样本期内的变化。

以上总结了劳动经济学中对性别差异的某些成见的成因，我们继续澄清某些关于所有制差异的成见，会逐渐看到两者之间的成因的类似之处。首先，不可否认的是，由于行政干预或管制的存在，某些变量的差异确实与所有制差异牢牢地联系在一起，但是对于某些不存在明显行政干预或管制的领域，则不应该过早地就所有制差异下结论，或许仅仅因为变量变化在现实环境中来得过于缓慢，我们才忽视了所有制以外因素的作用，导致了在短期观察时形成的固有看法。例如，在公司金融中有关委托代理问题的研究中，股权集中度是一个重要影响变量，但在现实中，过去我国国有控股上市公司通常具有更高的股权集中度，特别是在股权分置改革以前，股权集中度变化得比较缓慢，这种差异在较长一段时间内都稳定地存在，那么在早期实证研究中，如果仅考虑早期的样本，往往容易将国有控股和非国有控股上市公司存在的某些差异归因于所有权性质，而在较近期的实证研究中，则发现这些过去被认为是所有权性质所导致的差异在不断缩小，这里面很重要的原因就在于股权集中度这一现实因素的变化。因此，随着现实经济中更多因素的变化，很多所有制差异会为其它因素所解释，对所有制差异的看法也会产生变化，在研究中既不能对一些慢变量掉以轻心，也不能因抱有成见而对经济中发生的变化熟视无睹。

本书对分红"结构之谜"的理论解释正好能部分澄清某些关于所有制差异的争论。过去国有控股上市公司通常有着较高的分红水平，而国有企业通常因为历史遗留问题而存在诸多委托代理问题，人们据此认为国有上市公司存在更明显的"掏空"动机，较高的分红则被视为其手段；但自国际金融危机以来的变化表明，非国有控股上市公司反而具有更高的分红水平，与此同时，如果沿着委托代理视角的分析思路，并没有发现该视角所侧重的一些因素发生显著变化，如果仅考虑国际金融危机以后的样本，理应得出非国有上市公司存在更明显的"掏空"动机的结论，但这又与关于所有制的历史成见不符合，所以为了维持所有制差异的历史成见，某些研究又宁愿忍受理论上的不一致性，将低水平的分红视为"掏空"的手段。有关所有制差异的成见不仅限制了结论的得出，还对相关理论的一致性提出了挑战，导致了许多争论。而要澄清这些成见与争论，我们首要的就是正视新的经验事实。可惜的是，在现有不同产权性质企业的分红行为的研究中，较少有研究尝试跳出所有制成见来对这一新的经验事实与旧的经验事实放在一起进行考察，在样本区间的选择上甚至存在一些回避，如某些新进的研究不知何故选择了对国际金融危机以前样本的回避。本书猜测主要原因可能还是无法抛下所有制成见来解释不同所有制下分红行为的扭转，国际金融危机的冲击对解释这一现象似乎造成了某种干扰。而事实上，国际金融危机的冲击在对某些变量造成干扰的同时，也会提供其它可变的变量作为突破口，而摆着我们面前最大的思维障碍就是跳出所有制成见，正视新的经验事实对所有制成见的挑战，从更多视角对这种新的所有制制差异进行审视。即便委托代理视角的诸多因素也没有新的发现，或许还存在其它分析视角的可能，这也迫使我们跳出委托代理视角的框架，寻找新的突破口，然后再试着回过头来完善现有分析框架。

第四章

企业杠杆率分化与企业全要素生产率

第一节 研究假设的提出

党的十九大报告中指出，从现在到 2020 年，是全面建成小康社会决胜期，要坚决打好防范化解重大风险等三大攻坚战，重点是防控金融风险。事实上，自 2008 年全球国际金融危机爆发以来，金融稳定对一国经济稳定的重要性受到越来越多的重视。在“信贷一投资”驱动模式下，中国非金融企业的债务规模不断攀升。根据一些研究测算，2015 年中国所负担的债务利息支出达到 8.5 万亿元，约占全年 GDP 的 13%和社会融资总额流量的 60%，使得社会新增融资中很大一部分用来还本付息，而不是进行再投资（毛振华等，2016）。

当前经济去杠杆的重要性被提上了全新的高度，现有研究也对杠杆水平实际变化情况及其规律进行了大量研究，但对去杠杆的路径选择缺少相应的研究。在当前，随着中国经济步入高质量发展阶段，实践中企业“去杠杆”是否达到了提升经济增长质量的要求，是个亟待回答的问题，而本书对非国有控股上市公司“去杠杆”历程的研究将有助于对该问题的解答。非国有控股上市公司在“去杠杆”过程中，是否对企业全要素生产效率具有积极影响，这也是评价其“去杠杆”的基本标准。对以上问题的回答，本书预期将为缓解国有企业杠杆率偏高的现象提供一些有意义的政策参考。

一、企业去杠杆与全要素生产率

现有研究多从宏观杠杆率的角度分析中国债务风险，流行以债务与 GDP 之比作为债务风险水平的衡量指标，相关决策部门也常以其作为“去杠杆”的调控目标。在各大国际机构报告中，国际货币基金组织（2015）以信贷与 GDP 之比评估各国面临的债务风险，国际清算银行（2015）进一步提出以债务率偏离长期趋势值的缺口值（credit－to－GDP gap）作为国际金融危机的预警指标，并指出中国债务风险已经达到历史新高。在国内权威机构研究中，中国人民银行杠杆率研究课题组（2014）、中国社会科学院李扬等（2015）以及中国人民大学中国宏观经济论坛毛振华等（2016），也均以债务与 GDP 之比作为中国的杠杆率水平的度量指标。根据社科院李扬等（2016）的测算，截至 2015 年年底，中国全社会杠杆率已经达到 249％，比 2008 年提高了 79 个百分点，尤其是非金融企业部门杠杆率达到 140％，远高于其他国家。现有从微观层面讨论杠杆率的影响的文献主要集中于分析金融机构特别是银行部门的杠杆率。范小云等（2011）测算发现，在非危机时期杠杆率较高的金融机构在国际金融危机中的边际风险贡献较大，并且金融机构对系统性风险的边际风险贡献具有明显的周期性特征；黄海波等（2012）讨论了杠杆率约束对商业银行行为的影响，认为杠杆率约束既有可能对资本充足率约束形成有效的补充，也极有可能相互抵触；刘信群和刘江涛

(2013) 分析了上市商业银行安全性、流动性和盈利性之间的关系,发现中国上市商业银行杠杆率与经营绩效呈负相关,流动性与经营绩效呈正相关。在非金融企业层面,钟宁桦等 (2016) 基于 1998—2013 年中国规模以上工业企业数据,考察了中国工业部门企业杠杆率的变化情况,梳理得到了一些重要的基本事实,为进一步分析杠杆率对企业绩效和债务风险的影响提供了事实基础。

为了对企业部门去杠杆过程的成效进行评价,本书主要从增长质量的角度,在微观的企业层面,主要就企业的生产率进行了评价,特别是全要素生产率。因此,为了进一步考察去杠杆过程是否满足高质量发展的需求,本书从企业全要素生产率的角度对企业部门去杠杆的成效进行评价,并研究去杠杆与企业全要素生产率之间的关系。

资本结构与企业绩效之间的关系一直是公司金融领域的核心命题,本书关于杠杆水平与全要素生产率之间的关系,可以追溯到这一研究领域。生产率的提升一直被视为宏观经济增长的主要驱动力,大量研究表明,与资本积累等因素相比,全要素生产率的差异能解释更多的国家间的收入差异问题 (Klenow and Rodriguez－Clare, 1997; Hall and Jones, 1999; Easterly and Levine, 2001; Henry et al, 2009)。对于企业绩效的衡量有多种指标,近年来公司金融领域也开始尝试使用全要素生产率来评价企业绩效 (如 Schoar, 2002; Maksimovic 和 Phillips, 2002; McGuckin 和 Nguyen 1995; Imrohoroglu 和 Tüzel, 2011),多数研究也发现了企业全要素生产率与企业价值之间的正相关关系 (如 Bao 和 Bao, 1989; Riahi－Belkaoui, 1999; Dwyer, 2001; Balasubramanyan 和 Mohan, 2010)。

将全要素生产率的研究扩展到微观企业层面，不仅是对企业绩效度量方式的创新，也是研究视角的创新。如 Imrohoroglu and Tüzel（2011）基于企业全要素生产率的视角，从微观层面研究了企业是如何应对经济周期波动的。研究表明企业全要素生产率是一个重要的逆周期因素，全要素生产率较高的企业，在应对经济周期波动时抗风险能力更强，企业全要素生产率的增长对缓解宏观经济周期波动具有重要作用。从这个结论来看，企业全要素生产率的提升，不仅符合经济质量增长的长期要求，也符合经济稳定的短期需求。当前宏观经济领域的研究，已逐渐开始关注宏观经济波动的微观机制，本书基于企业全要素生产率的分析，无疑顺应了这一研究视角的拓展。

从以上两个领域的文献发展来看，微观与宏观的相互融合已经成为一个趋势，本书将延续这一趋势，结合资本结构的相关理论与宏观经济增长的相关理论，探寻资本结构与全要素生产率之间的关系。虽然关于资本结构与企业价值或企业绩效之间关系，已经有了不少研究（如 McConnell & Servaes，1995；Berger & di Patti，2006；Driffield，Mahambare & Pal，2007），但目前仍然少有文献之间探究资本结构与企业全要素生产率之间的关系。

从现实宏观环境来看，自 2008 年美国国际金融危机以来，在大规模经济刺激政策下，较低的资金使用成本导致企业负债率节节高升，普遍存在过度负债（陆正飞等，2015），而企业过度负债必然会导致资金使用效率低下的问题。去杠杆则意味着融资环境的收紧，资金使用成本的上升有望缓解过度负债的问题，并且在资金成本上升的激励下，企业将不得不提高资金使用效率。此外，从企业的融资选择来看，由于去杠杆切断了企业债务融资来源，使得企业更多地转向股权融资，在资本市场有效发挥资源配置功能的情况下，企业资金使用效率有可能获得一定程度的提高。因为，相较于债务融资，股权融资通常面临更高的代理成本（Myers，1984；Myers & Majluf，1984），在资本市场有效运作的情况下，企业在较高代理成本的激励下将不得不通过提高分红等手段改善上市公司治理水平，由此提高企业效率。由于企业杠杆水平较高，企业债务资金冗余问题比较明显，根据资本边际效益递减的规律来看，这容易导致企业的资金使用效率低下。2008 年国际金融危机爆发后，我们采取了大规模经济刺激政策，“四万亿计划”的推出使得这种情况的发展更加迅速。基于上述分析，本书提出假设 1：去杠杆有助于企业提高其全要素生产率。

二、产权异质性的影响

相较于非国有企业，国有企业因为政府的隐性担保及政治关联等原因，在融资成本、融资便利性等方面均具有明显优势。在面临金融危机时，国有企业获得政府资金救助的概率也更大，能大大降低财务危机成本，财务压力对企业负债也就无法构成有效约束。因此，国有企业更容易从银行获得债务资金，并且无视财务危机的压力进行过度负债，资金使用效率更低下。方军雄（2007）认为由于国有企业所具有的先天优势和政治关联，国有企业的债务融资成本要比民营企业低很多，国有企业表现出明显的债务融资优势。陆正飞等（2015）则进一步证实，由于政府提供的隐性担保，国有企业过度负债问题比非国有企业更为严重。

Bai et al（2016）在分析了“四万亿”庞大财政刺激政策实施过程后指出，“四万亿”刺激计划主要通过地方融资平台来支持政府支出，相较于非国有部门，国有部门更容易获得刺激计划提供的融资，更容易参加相关公共投资项目增加投资，这种投资刺激必然导致国有企业部门杠杆率的上升，加剧企业杠杆率的分化。Johansson & Feng（2015）和 Pan et al（2016）则更直接地认为，是“四万亿”导致了国际金融危机以后企业杠杆率走势的分化。

基于此，本书认为，国有企业因债务资金冗余造成的资金使用低效程度要明显高于非国有企业，这意味着，面临相同的去杠杆政策冲击，国有企业受到的影响将大于非国有企业。由此，本书提出了假设 2：相较于非国有企业，去杠杆对国有企业全要素生产率具有更大的边际影响。

第二节　研究设计与数据来源

一、企业全要素生产率的测度

国内关于全要素生产率的文献可谓浩如烟海，在计算 TFP 时，一般有三种常用方法，即传统的索洛残值法，随机边界法（SFA）或数据包络法（DEA），以及 OP 和 LP 法。本书采取了 OP 方法，OP 方法作为一种半参数估计方法，能有效地解决生产率与投入要素相关导致的联立性问题和生产率与退出相关导致的样本选择问题。

OP 方法的实质上是一种工具变量法，将投资作为不可观测的生产率的工具变量，它与生产率相关，又与其它变量具有较好的独立性。另外，这种方法还有一个假设，假定投资和产出之间是一种严格单调的关系，投资为 0 不在考虑范围内，可剔除掉投资为 0 的观测值。但是，这剔除了较大量的样本，容易导致样本选择问题，为了解决这个问题，Levinsohn 和 Petrin（2003）提出将中间投入作为生产率的代理变量，毕竟，中间投入观测值为 0 的情况比较少见，人们将这种方法也称作为 LP 方法。但实际上，LP 方法并未完全解决样本选择问题，同时还会出现其它问题，比如出现中间投入的斜率为 1 的情况，这会视为一种无效情况。虽然两种方法都不完美，本着“两害相权取其轻”的原则，本书主要考虑 OP 方法，仅关注于样本中的样本选择问题。

结合本书实际研究样本来看，本书选择的 2003—2015 年上市公司样本中企业的进入和退出比较普遍（平均每年超过 10%），样本选择问题比较明显，为了处理这种样本选择问题，我们使用 OP 方法估计企业全要素生产率是较为合适的。

这里简单地介绍下 OP 方法。首先，假设生产函数为 C－D 形式，即 $Y_{it}=\Omega_{it}L_{it}^{\beta_l}M_{it}^{\beta_m}K_{it}^{\beta_k}$，其中 Y 表示产出，Ω 表示全要素生产率，L 表示劳动，M 表示中间投入，K 表示资本，这是一种常用的生产函数设定，在此基础上又很多拓展方法。随后将方程两边取自然对数，得到一种常见的线性形式：

$$y_{it}=\beta_0+\beta_l l_{it}+\beta_m m_{it}+\beta_k k_{it}+u_{it} \tag{4－1}$$

根据索洛残值法，方程（4－1）中的常数项和误差项就是全要输生产率 TFP。但是，这种估计会产生两个问题。第一是联立性问题，至少一部分 TFP 在某个足够早的时刻会被企业感受到并影响企业的要素投入决策。这意味着误差项与解释变量相关，此时简单的 OLS 估计是有偏差的。第二是样本选择问题。留在市场上的企业都是生产率更高的企业，而生产率更低的企业会被淘汰，因此仅仅根据在位企业样本来估计 TFP，会高估企业的 TFP。

为了方便，不妨将误差项分解为两项：$u_{it}=\omega_{it}+\eta_{it}$，其中 ω 表示全要素生产率，η 表示真正的误差项或生产率冲击。假设资本积累按照永续盘存法形成，即 $k_{t+1}=(1-\delta)k_t+i_t$，其中 i 表示投资，δ 表示折旧率。

为了解决上述两个内生性问题，Olley 和 Pakes（1996）首先假定企业的投资决策是生产率、资本和中间投入的函数，即 $i_t=i_t(\omega_t, m_t, k_t)$，并将其代入方程（4—1），得到：

$$y_{it}=\beta_l l_{it}+\varphi_t(i_{it}, m_{it}, k_{it})+\eta_{it} \quad (4-2)$$

方程（4—2）就是一个半参数回归方程，它解决了联立性问题。为了解决样本选择问题，还需要估计一个企业生存概率方程：

$$Pr\{\chi_{t+1}=1 \mid \underline{\omega}_{t+1}(k_{t+1}, m_{t+1}), J_t\}=\rho_t\{\underline{\omega}_{t+1}(k_{t+1}, m_{t+1}), \omega_t\}$$

$$=\rho_t(i_t, m_t, k_t)\equiv P_t \quad (4-3)$$

其中 J 表示当期的全部信息。于是，第一步，运用四阶多项式估计方程（4—2），得到 βl 和 φ；第二步，利用 *probit* 模型估计方程（4—3），得到 Pt；第三步，联立方程（4—2）和（4—3），然后通过最小化残差平方和得到 βm 和 βk；最后，通过索洛残值法得到 TFP：

$$TFP_{it}^{OP}=exp(y_{it}-\hat{\beta}_l l_{it}-\hat{\beta}_m m_{it}-\hat{\beta}_k k_{it}) \quad (4-4)$$

二、计量模型的设定

为了检验非国有控股上市公司“去杠杆”的成效，我们通过“去杠杆”对经济增长质量的影响来进行评价，用全要素生产率作为经济增长质量的代理变量。本书设定模型如下：

$$\begin{aligned}TFP_{i,t}=&\alpha+\beta_1 d\_equity_{i,t}+\beta_2 past_{i,t}+\beta_3 d\_equity_{i,t}*past_{i,t}\\&+\beta_4 Lev_{i,t}+\beta_5 Lev_{i,t}*d\_equity_{i,t}+control\\&+\sum year+\sum indus+\varepsilon_{i,t}\end{aligned}$$

进一步，本书对企业全要素生产率的增长率进行建模，考虑到企业全要素生产率的收敛效应（Barro，1998），在模型中加入全要素生产率的滞后项。

$$\begin{aligned}\Delta TFP_{i,t} = & \alpha + \beta_1 d\_equity_{i,t} + \beta_2 past_{i,t} + \beta_3 d\_equity_{i,t} * past_{i,t} \\ & + \beta_4 Lev_{i,t} + \beta_5 Lev_{i,t} * d\_equity_{i,t} + \beta_6 TFP_{i,t-1} \\ & + control + \sum year + \sum indus + \varepsilon_{i,t}\end{aligned}$$

三、数据与样本

本书的研究样本选取沪深股市2003—2015年的上市公司，母公司报表财务数据和财务报表附注数据、合并报表财务数据、以及公司治理数据主要来自CSMAR数据库。与同类研究的做法相一致，我们剔除了以下样本观测：（1）金融类公司；（2）IPO当年的观测；（3）存在相关变量缺失值及异常值的观测。最后，因为计算全要素生产率需要滞后一期，损失了部分初始数据，最后共得到16010个样本观测值。同时，为了剔除极端值的影响，本书对所有连续变量进行了1%到99%置信区间内的winsor缩尾处理。另外，本书根据交易所公布的上市公司融资融券名单，手工整理了融资融券的相关数据，并对所有数据的准确性进行了抽样核对与更正。

第三节　实证研究结果

一、描述性统计

如表4—1所示为全样本描述性统计结果，从OP方法测度的企业全要素生产率 tfp _ OP 结果来看，国有控股上市公司的全要素生产率显著地略高于非国有控股上市公司。但从企业全要素生产率的增速 dtfp _ OP 结果来看，非国有控股上市公司的全要素生产率显著地略高于国有控股上市公司。杠杆率、企业规模及市值方面，国有控股上市公司均显著地高于非国有控股上市公司。

表 4—1　全样本的描述性统计

变　量	非国有控股		国有控股		均值之差	t 值
	样本量	均　值	样本量	均　值		
tfp _ OP	5342	3.937	6855	4.045	−0.107***	−15.584
tfp _ OLS	5342	0.003	6855	0.015	−0.013	−2.118
dtfp _ OP	5342	0.062	6855	0.031	0.031***	6.449
dtfp _ OLS	5342	0.005	6855	−0.006	0.010	2.239
lev	5342	42.755	6855	52.514	−9.759***	−26.483
CI	5342	12.376	6855	12.766	−0.390***	−19.112
size	5342	21.721	6855	22.424	−0.703***	−32.222
MV	5342	1.09e+10	6855	2.12e+10	−1.03e+10***	−19.404

注：t 值为样本分组的 t 检验结果。***、**、* 分别表示 1%、5%、10%的统计显著水平。

如表 4—2、表 4—3 所示为国际金融危机前后样本的描述性统计结果，从 OP 方法测度的企业全要素生产率 tfp _ OP 结果来看，国际金融危机前后，国有控股上市公司的全要素生产率均显著地略高于非国有控股上市公司，但这种差距有所扩大。另外，值得注意的是，在国际金融危机以前，国有控股上市公司与非国有控股上市公司的全要素生产率的增速并不存在显著差异，但在国际金融危机以后，非国有控股上市公司的全要素生产率增速开始显著高于国有控股上市公司。在杠杆率方面，国际金融危机前后国有控股上市公司与非国有控股上市公司杠杆水平发生了扭转，非国有控股上市公司经历明显的去杠杆过程。

表 4—2　国际金融危机前样本的描述性统计

变　量	非国有控股		国有控股		均值之差	t 值
	样本量	均　值	样本量	均　值		
tfp _ OP	603	3.855	1654	3.931	−0.076***	−4.624
tfp _ OLS	603	0.001	1654	0.030	−0.029	−2.009
dtfp _ OP	603	0.063	1654	0.035	0.029	2.304
dtfp _ OLS	603	0.016	1654	−0.002	0.017	1.467
lev	603	54.626	1654	51.200	3.426***	3.766
CI	603	12.466	1654	12.730	−0.264***	−4.740
size	603	21.336	1654	21.908	−0.572***	−11.496
MV	603	6.33e+09	1654	1.25e+10	−6.16e+09***	−5.848

注：t 值为样本分组的 t 检验结果。***、**、* 分别表示 1%、5%、10%的统计显著水平。

表 4—3　国际金融危机后样本的描述忙统计

变　量	非国有控股		国有控股		均值之差	t 值
	样本量	均　值	样本量	均　值		
tfp _ OP	4739	3.948	5201	4.081	−0.133***	−17.435
tfp _ OLS	4739	0.003	5201	0.011	−0.008	−1.153
dtfp _ OP	4739	0.062	5201	0.030	0.032***	6.027
dtfp _ OLS	4739	0.003	5201	−0.007	0.010	2.001
lev	4739	41.244	5201	52.932	−11.687***	−28.837
CI	4739	12.365	5201	12.777	−0.413***	−18.596
size	4739	21.770	5201	22.588	−0.818***	−33.986
MV	4739	1.15e+10	5201	2.40e+10	−1.25e+10***	−20.630

注：t 值为样本分组的 t 检验结果。***、**、* 分别表示 1%、5%、10%的统计显著水平。

二、去杠杆与企业全要素生产率

为评价“去杠杆”对经济增长质量的影响，本书首先对上市公司全要素生产率进行了测算，如图 4—1 所示为描绘国有控股上市公司和非国有控股上市公司全要素生产率的走势，分别用 OLS 和 OP

方法对上市公司全要素生产率进行了测算。从中可以看到二者基本保持在一个增长的态势，并没有出现全要素生产率的明显下降。从盈利能力能看则更为明显，如图 4－2 所示的资产收益率的变化表明，非国有控股上市公司的资产收益率在国际金融危机后逐渐超越了国有控股上市公司。这些都表明，非国有控股上市公司在“去杠杆”的过程中并没有牺牲全要素生产率以及盈利能力，经济增长质量继续保持着稳定增长，此次企业部门“去杠杆”过程符合经济增长质量发展的要求。

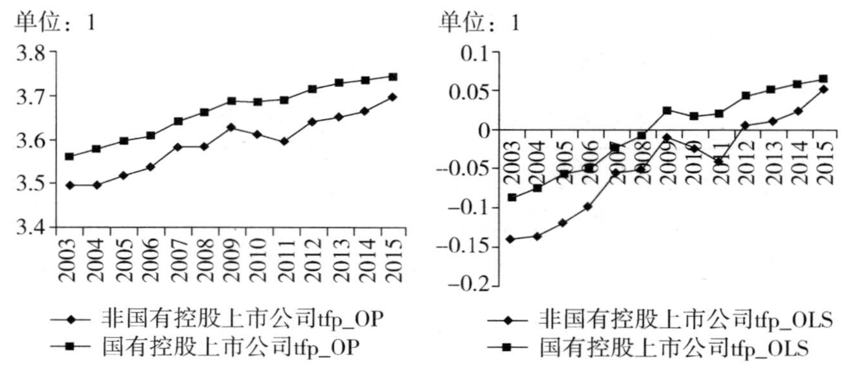

图 4－1　中国上市公司全要素生产率（TFP）的变化

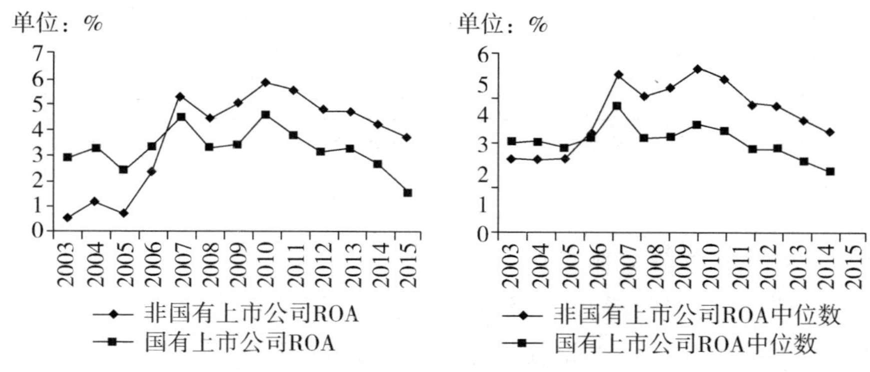

图 4－2　中国上市公司资产收益率（ROA）的变化

如表4—2所示为“去杠杆”对企业全要素生产率影响的回归结果，杠杆率的系数显著为负值，说明“去杠杆”对企业全要素生产率具有显著的促进作用，进一步证实了非国有控股上市公司在国际金融危机后实行了一波成功的“去杠杆”过程。这波“去杠杆”过程不仅没有影响企业全要素生产率的稳步提升，反而对经济增长质量具有一定的促进作用。

表4—2 去杠杆对企业全要素生产率的影响

	(1)	(2)	(3)	(4)	(5)	(6)
	OLS	FE	OLS	OLS	FE	OLS
d _ equity	0.0167	0.0148	0.00827	0.111***	0.165***	0.0715***
	(1.25)	(0.99)	(0.64)	(5.61)	(6.75)	(3.72)
past	−0.0517***	0.0304***	0	−0.0421***	0.0340***	0
	(−3.31)	(2.73)	(.)	(−2.68)	(3.07)	(.)
past * d _ equity	0.0749***	−0.0490***	0.0639***	0.0646***	−0.0475***	0.0571***
	(5.04)	(−4.38)	(4.42)	(4.33)	(−4.25)	(3.93)
lev	−0.00223***	−0.00150***	−0.00243***	−0.00130***	−0.0000519	−0.00181***
	(−14.90)	(−7.86)	(−16.26)	(−6.29)	(−0.19)	(−8.85)
trend	0.00973***	0.0258***	0.0104***	0.0102***	0.0257***	0.0111***
	(6.70)	(21.42)	(6.10)	(7.01)	(21.38)	(6.51)
size	0.123***	0.0810***	0.126***	0.123***	0.0820***	0.126***
	(34.21)	(14.94)	(35.95)	(34.00)	(15.15)	(35.76)
MV	2.40e−13	7.62e−13***	4.69e−14	2.85e−13*	7.51e−13***	8.05e−14
	(1.62)	(3.79)	(0.33)	(1.93)	(3.74)	(0.56)
d _ equity * lev				−0.00180***	−0.00270***	−0.00121***
				(−6.44)	(−7.77)	(−4.44)
行 业	No	No	Yes	No	No	Yes
时 间	No	No	Yes	No	No	Yes
常数项	1.265***	2.001***	1.058***	1.231***	1.903***	1.035***
	(17.04)	(17.89)	(13.99)	(16.57)	(16.94)	(13.66)

续 表

	(1)	(2)	(3)	(4)	(5)	(6)
r2	0.183	0.225	0.236	0.185	0.228	0.237
r2 _ w		0.225			0.228	
N	16010	16010	16010	16010	16010	16010
F	512.8	562.3	234.9	455.0	501.7	225.3

注：***、**、* 分别表示 1%、5%、10%的统计显著水平。

进一步看表 4—2 中第（4）、第（5）、第（6）列的结果，可以看到杠杆率和控制权性质的交乘项 d _ equity * lev，交乘项系数显著为负值，表明相对非国有控股上市公司而言，国有控股上市公司的杠杆率对企业全要素生产率的影响更明显，一旦国有控股上市公司实行“去杠杆”，将实现全要素生产率更大的提升。

本书还进一步对企业全要素生产率的增速进行了研究，回归结果如表 4—3 所示。我们同样可以看到杠杆率的系数显著为负值，说明“去杠杆”对企业全要素生产率增速具有显著的促进作用，这与前面的结论是一致的，这波“去杠杆”过程不仅对企业全要素生产率具有促进作用，而且对企业全要素增长率的增速也具有促进作用，企业部门通过去杠杆能有效促进企业全要素生产率的提升。然而，从表 4—3 的第（2）列和第（4）列中可以看到，杠杆率和控制权性质的交乘项 d _ equity * lev，虽然系数为负值，但结果并不显著，因此不同所有权性质的企业去杠杆过程对企业全要素生产率增速的促进作用并不存在显著差异。

表 4—3　去杠杆对企业全要素生产率增速的影响

	(1)	(2)	(3)	(4)
ltfp _ OP	−0.296***	−0.296***	−0.316***	−0.316***
	(−48.23)	(−48.23)	(−50.27)	(−50.27)

续　表

	(1)	(2)	(3)	(4)
d _ equity	−0.0183	−0.00767	−0.0195*	−0.0161
	(−1.59)	(−0.47)	(−1.70)	(−0.99)
past	−0.0104	−0.00934	0	0
	(−0.81)	(−0.73)	(.)	(.)
past * d _ equity	0.0178	0.0166	0.0151	0.0147
	(1.42)	(1.31)	(1.21)	(1.17)
lev	−0.000697***	−0.000590***	−0.000811***	−0.000777***
	(−5.84)	(−3.53)	(−6.61)	(−4.59)
trend	0.00203*	0.00209*	0.00346**	0.00350**
	(1.82)	(1.87)	(2.33)	(2.35)
size	0.0307***	0.0307***	0.0339***	0.0338***
	(10.57)	(10.55)	(11.63)	(11.61)
MV	1.64e−13	1.69e−13	1.15e−13	1.17e−13
	(1.53)	(1.57)	(1.07)	(1.09)
d _ equity * lev		−0.000200		−0.0000638
		(−0.91)		(−0.29)
行　业	No	No	Yes	Yes
时　间	No	No	Yes	Yes
常数项	0.560***	0.556***	0.501***	0.500***
	(9.57)	(9.48)	(8.17)	(8.13)
r2	0.164	0.164	0.179	0.179
r2 _ w				
N	12197	12197	12197	12197
F	297.9	264.9	126.1	120.4

注：***、**、* 分别表示1%、5%、10%的统计显著水平。

另外，看到企业全要素生产率的滞后项 ltfp _ OP 的系数，显著为负值，证明了企业全要素生产率的增速存在收敛效应，这与相关宏观经济理论预示的结果是一致的（Barro，1998），也证明了全要素生产率的增速在微观层面上同样存在收敛效应。

第四节 稳健性检验

企业全要素生产率的计算是一个非常有争议的问题，因为任何估计方法都有缺陷。为解决样本选择问题，本书在前面实证中选择了 OP 方法来测度企业全要素生产率。除此外还有比较常用的参数法，即通过设定一个生产函数（通常是科布一道格拉斯生产函数），利用成本最小化方法或者回归方法来估计产出弹性，然后通过 OLS 方法计算索洛残差（Solow residual）。这类方法的优点是，方程设定比较简单，有非常直观的经济学含义。为排除不同测度方法对结论稳健性的干扰，本书进一步采用 Schoar（2002）的方法对全要素生产率进行测度，然后根据模型进行回归检验。

从表 4—4 中可以看到，杠杆率与企业全要素生产率之间的负相关关系依然十分显著。杠杆率和控制权性质的交乘项 d _ equity * lev，交乘项系数为负值，第（5）列中的结果是显著的，第（4）和（6）列的结果并不显著，存在略微差异，但并不会对结论的稳健性造成太大干扰，本书认为 OP 方法对样本选择的问题更有效。依然可以认为，相对非国有控股上市公司而言，国有控股上市公司的杠杆率对企业全要素生产率的影响更明显，一旦国有控股上市公司实行“去杠杆”，将实现全要素生产率更大的提升。

表 4—4　去杠杆对企业全要素生产率的影响

	(1) OLS	(2) FE	(3) OLS	(4) OLS	(5) FE	(6) OLS
d _ equity	0.0226*	0.0211	0.00827	0.0281	0.145***	−0.00115
	(1.86)	(1.47)	(0.64)	(1.56)	(6.20)	(−0.07)
past	−0.00147	0.0191*	0	−0.000900	0.0221**	0
	(−0.10)	(1.80)	(.)	(−0.06)	(2.08)	(.)
past * d _ equity	0.0196	−0.0195*	0.0639***	0.0190	−0.0182*	0.0147
	(1.45)	(−1.82)	(4.42)	(1.40)	(−1.70)	(1.10)
lev	−0.00335***	−0.00166***	−0.00243***	−0.00330***	−0.000459*	−0.00314***
	(−24.60)	(−9.06)	(−16.26)	(−17.45)	(−1.79)	(−16.76)
trend	−0.00513***	0.00568***	0.0104***	−0.00510***	0.00560***	−0.00169
	(−3.88)	(4.93)	(6.10)	(−3.85)	(4.87)	(−1.08)
size	0.00716**	−0.0580***	0.126***	0.00711**	−0.0571***	0.0138***
	(2.18)	(−11.15)	(35.95)	(2.16)	(−11.00)	(4.27)
MV	6.66e−13***	7.25e−13***	4.69e−14	6.69e−13***	7.16e−13***	5.76e−13***
	(4.95)	(3.76)	(0.33)	(4.97)	(3.72)	(4.35)
d _ equity * lev				−0.000106	−0.00224***	0.000219
				(−0.41)	(−6.70)	(0.88)
行　业	No	No	Yes	No	No	Yes
时　间	No	No	Yes	No	No	Yes
常数项	0.0164	1.273***	1.058***	0.0145	1.192***	−0.338***
	(0.24)	(11.87)	(13.99)	(0.21)	(11.06)	(−4.86)
r2	0.0412	0.0191	0.236	0.0412	0.0224	0.0922
r2 _ w		0.0191			0.0224	
N	16010	16010	16010	16010	16010	16010
F	98.18	37.85	234.9	85.92	38.85	73.84

注：***、**、* 分别表示 1%、5%、10%的统计显著水平。

如表 4—5 所示为去杠杆对企业全要素生产率增速的影响，同样可以看到杠杆率的系数显著为负值，说明“去杠杆”对企业全要素生产率增速具有显著的促进作用，这与前面的结论是一致的。第（2）列和第（4）列中，杠杆率和控制权性质的交乘项 d _ equity * lev，结果也不显著，同样表明不同所有权性质的企业去杠杆过程对企业全要素生产率增速的促进作用并不存在显著差异。企业全要素生产率的滞后项 ltfp _ OLS 的系数，显著为负值，也证实微观企业层面的存在全要素生产率的增速的收敛效应。

表 4—5　去杠杆对企业全要素生产率增速的影响

	（1）	（2）	（3）	（4）
ltfp _ OLS	−0.308***	−0.308***	−0.327***	−0.327***
	（−47.09）	（−47.09）	（−48.84）	（−48.83）
past * d _ equity	−0.00373	−0.00529	−0.00859	−0.0142
	（−0.33）	（−0.33）	（−0.77）	（−0.90）
past	−0.00516	−0.00532	0	0
	（−0.42）	（−0.43）	（.）	（.）
past _ d _ equity	0.00907	0.00925	0.00888	0.00953
	（0.75）	（0.76）	（0.74）	（0.78）
lev	−0.000793***	−0.000809***	−0.000722***	−0.000778***
	（−6.79）	（−4.96）	（−6.04）	（−4.71）
trend	−0.00178*	−0.00179*	−0.00166	−0.00173
	（−1.65）	（−1.65）	（−1.16）	（−1.20）
size	−0.00713***	−0.00712***	−0.00514*	−0.00508*
	（−2.64）	（−2.63）	（−1.90）	（−1.88）
MV	2.96e−13***	2.95e−13***	3.09e−13***	3.07e−13***
	（2.85）	（2.84）	（2.97）	（2.94）
d _ equity * lev		0.0000294		0.000105
		（0.14）		（0.50）
行　业	No	No	Yes	Yes
时　间	No	No	Yes	Yes
_ cons	0.212***	0.212***	0.0896	0.0920

续　表

	(1)	(2)	(3)	(4)
	(3.78)	(3.78)	(1.52)	(1.55)
r2	0.156	0.156	0.168	0.168
r2 _ w				
N	12197	12197	12197	12197
F	281.7	250.4	117.3	111.9

注：***、**、*分别表示1%、5%、10%的统计显著水平。

第五节　进一步讨论

本书尝试将宏观经济领域的全要素生产率测度方法用于企业层面的全要素生产率变化的检验。将全要素生产率的研究扩展到微观企业层面，不仅是对企业绩效度量方式的创新，也是研究视角的创新。如 Imrohoroglu & Tüzel（2011）基于企业全要素生产率的视角，从微观层面研究了企业是如何应对经济周期波动的。研究表明企业全要素生产率是一个重要的逆周期因素，全要素生产率较高的企业，在应对经济周期波动的时候抗风险能力更强，企业全要素生产率的增长对缓解宏观经济周期波动具有重要作用。从这个结论来看，企业全要素生产率的提升，不仅符合经济质量增长的长期要求，而且符合经济稳定的短期需求。当前宏观经济领域的研究，逐渐开始关注宏观经济波动的微观机制，本书基于企业全要素生产率的分析，无疑顺应了这一研究视角的拓展。本书实证结果证明了企业全要素生产率存在收敛效应，这与相关宏观经济理论预示的结果是一致的（Barro，1998）。全要素生产率的收敛效应在微观层面同样存在，这为宏观经济理论提供了一定的微观经验证据。

结论及政策含义

一、主要结论

本书围绕“企业如何去杠杆”这一核心问题，从企业去杠杆分化的成因，到去杠杆过程中企业可能如何应对，再到如何评价企业去杠杆成效，全面回答了企业去杠杆过程中的主要阶段性难题，并提供了可靠的经验证据。

我们通过中国上市公司分红“结构之谜”，揭示了企业“去杠杆”与分红行为之间的重要联系。本书发现，国际金融危机之后非国有控股上市公司经历了一波成功的去杠杆过程，这也是导致“国际金融危机前后国有控股上市公司和非国有控股上市公司分红水平发生结构性扭转”这一现象的主要原因，资本结构的变化能有效解释上市公司分红“结构之谜”。本书进一步研究发现，非国有控股上市公司在去杠杆的同时，保证了全要素生产率的稳步提升，为经济增长质量作出了贡献。本书认为，非国有控股上市公司“去杠杆”的成功，可部分归功于分红水平的提升，通过提升分红水平，既可以有效限制企业委托代理成本的上升，还能够吸引投资者，提升企业在资本市场募集资金的能力。本书的发现意味着，对于当前中国企业部门杠杆率高企的问题，特别是国有企业杠杆率偏高的现象，适当增加国有企业权益资本比重是“去杠杆”的一个重要途径。除了进一步推进混合所有制改革，我们还需要注意在公司治理水平上进一步提升，提高上市公司分红水平，为资本市场直接融资创造有利条件。

在国际金融危机后国有及非国有企业“去杠杆”过程的分化，能有效解释中国上市公司分红“结构之谜”，这也与国有企业与非国有企业不同的融资模式有关；与资本结构的因素相比，委托代理成本及过度投资行为在上市公司“结构之谜”中则扮演了较为次要角色，无法较好解释国有企业和非国有企业在国际金融危机前后分红水平的“结构性扭转”。从更深层的原因来看，在融资模式方面，非国有企业在融资模式上更加依赖于资本市场，需要通过较高的分红争取更好的融资机会；国有企业则更依赖于信贷市场，一方面无需通过较高的分红讨好资本市场，另一方面需要承担更高的利息支出成本，也限制了企业的分红能力。

本书核心结论总结如下：

1. 在国际金融危机以后，国有企业杠杆率上升的背后环境，实际上是经济不确定性的下降。企业杠杆率的分化并不能归因于经济不确定性的上升，这与经济政策不确定性的传统观点有所不同。更重要的是，经济不确定性的变化虽然可以预测企业的杠杆率行为，但它并不是一个可操作的变量，这也是与经济攻策不确定性有所不同的关键之处。更具体而言，经济不确定性指数（EU）每上升一个标准差，那么可以预期非国有企业的杠杆率将上升 0.85 个百分点，而国有企业的杠杆率则会将下降 0.98 个百分点，均近乎一个百分点的杠杆率变化。在具体影响机制方面，本书发现除了金融抑制等因素外，股权融资渠道的变化也是重要的渠道。

2. 对于企业分红行为，无论分红水平还是分红意愿，均与企业杠杆率之间存在显著替代关系，相较于其它能影响委托代理成本的因素，企业杠杆率的变化在解释分红“结构之谜”方面，具有更强的解释力，大概解释了 1/3 分红结构效应。

3. 在考虑了杠杆水平变化以后，本书的实证结果正好支持了优序融资理论。在控制了杠杆率水平以后，无论是分红水平还是分红意愿，均与投资机会 TobinQ 呈负相关关系，这与优序融资理论的主要推论是一致的。如果不考虑杠杆的变化，我们将会错误地得出优序融资理论不成立的结论，本书的实证研究为澄清这一干扰因素提供了经验证据，也说明在考虑优序融资理论时，需要仔细考虑融资时点变化时累积债务或者杠杆水平的变化。

4. 非国有控股上市公司在“去杠杆”的过程中并没有牺牲全要素生产率以及盈利能力，经济增长质量继续保持着稳定增长，此次企业部门“去杠杆”过程符合经济增长质量发展的要求。“去杠杆”过程不仅对企业全要素生产率具有促进作用，而且对企业全要素增长率的增速也具有促进作用，企业部门通过去杠杆能有效促进企业全要素生产率的提升。

5. 相对非国有控股上市公司而言，国有控股上市公司的杠杆率对企业全要素生产率的影响更明显，一旦国有控股上市公司开始去杠杆，将实现全要素生产率更大的提升。

6. 企业全要素生产率存在收敛效应，这与相关宏观经济理论预示的结果是一致的（Barro，1998）。全要素生产率的收敛效应在微观层面同样存在，这为宏观经济理论提供了一定的微观经验证据。

二、政策建议

本书的核心问题是“企业如何去杠杆”，对此，我们提出以下政策建议：

1. 继续稳步推进“结构性去杠杆”，实现企业部门杠杆的优化配置。从理论逻辑上来看，结构性去杠杆杠的实质还是资源的配置，当前的具体表现就是杠杆的部门间配置。我们讲杠杆风险，体现更多的也是杠杆率的错配以及由此引起的资源配置效率的下降，而不单纯在于杠杆率自身的高低。目前，国有企业部门杠杆依然保持着较高比重，对企业部门杠杆的结构调整贡献依然有限，离合理配置“好杠杆”与“坏杠杆”的要求仍然有一定距离。因此，我们还需要关注民企融资渠道的完善，努力实现企业部门杠杆的优化配置。企业去杠杆的重点虽然在于国有企业，但仅仅关注国有企业本身并不能准确掌握国有企业去杠杆的情况，同时还需要关注民企融资渠道的优化。

2. 降低政策不确定性。稳定的宏观经济环境对去杠杆的顺利推进具有重要影响，宏观调控部门在调控过程中需要关注经济不确定性与经济政策不确定性，特别是降低经济政策不确定性，为企业去杠杆营造有利的条件。虽然本书发现，与经济政策不确定性相比，经济不确定性并不是一个可操作目标，但具有一定的预测价值。经济不确定性的本身并不会扭曲杠杆的配置，但在某些结构性因素下可能会加剧某些非市场行为的扭曲，一旦了解到这种规律，对于政策层面的意义可谓未雨绸缪，这也要求政策同时具备前瞻性以及审慎性。

3. 完善企业去杠杆成效的评价。我们前面也讲到“结构性去杠杆”本质上还是资源的合理配置问题，因此对企业去杠杆成效的评价也不能仅着眼于企业杠杆本身，而是应当将企业全要素生产率作为去杠杆的重要评价基础。“结构性去杠杆”的首要要求是资源的合理配置，就是去掉“坏杠杆”，保留“好杠杆”。但是，我们也不能一股脑地将“坏杠杆”去掉。企业全要素生产率无疑为便于我们甄别杠杆的好坏提供了一个有益的标准。

4. 引导企业利用资本市场主动去杠杆。这也是本书最具针对性也最具体的一条政策建议：企业在去杠杆的同时，其应对策略也会发生相应变化，比如完善公司治理、改善资本市场融资环境，企业合适的应对策略能有助于去杠杆的推进，缓解去杠杆对企业的负面影响，宏观调控部门应及时关注企业层面的行为策略变化，引导企业主动去杠杆。金融监管部门，则应积极促进企业完善公司治理结构，引导企业利用资本市场实现主动去杠杆，这将作为当前政策思路的一个有益补充。面对国有企业杠杆率偏高的问题，可以借鉴非国有控股上市公司“去杠杆”的经验，“去杠杆”的同时保持全要素生产率的稳步提升。具体路径方面，我们可以依赖资本市场实现“去杠杆”，通过提高分红水平提升对投资者的吸引力。事实上，根据本书的测算结果，国有控股上市公司杠杆率变化对全要素增长率的边际影响更为显著，因此，国有控股上市公司存在较大可能在不牺牲经济发展质量的同时实现“去杠杆”。总之，本书对当前企业部门“去杠杆”提供了有意义的政策参考，有必要继续改进现代公司治理水平，平衡分红决策与投资决策，合理利用资本市场进行直接融资，增加权益资本比重，改善资本结构。

另外，本书认为我国企业部门去杠杆，应尽量借助市场手段来进行。从国际金融危机后非国有控股上市公司去杠杆的进程可以看到，这一去杠杆进行完全可能由市场自发地进行。因此，在去杠杆的过程中，对行政手段与市场手段的选择上，存在一个相互配合的政策空间，除了借助强制分红等行政干预手段来提高分红以外，市场手段同样可以起到应有的作用。在资本市场的正常运行下，企业可以通过提高分红来获得股权融资，这不仅能降低上市公司的代理成本，而且能满足投资机会增长的需求，也没有降低企业全要素生产率，符合企业高质量发展的要求。由此可见，非国有控股上市公司在国际金融危机期间所经历的去杠杆进程，是完全通过市场手段实现的，通过资本市场机制自发实现了股权融资对债务融资的替代，并且因为分红的提升，改善了上市公司治理，进一步提升了资本市场的效率。

参考文献

[1] Abel, A. B., 2018. Optimal Debt and Profitability in the Trade - Off Theory. Journal of Finance 73, 95—143.

[2] Adjaoud, F., Ben - Amar, W., 2010. Corporate governance and dividend policy: shareholders' protection or expropriation? Journal of business finance & accounting 37, 648—667.

[3] Admati, A. R., Demarzo, P. M., Hellwig, M. F., Pfleiderer, P., 2018. The Leverage Ratchet Effect. Journal of Finance 73, 145—198.

[4] Allen, F. M., Roni 2003. Payout policy. Elsevier..

[5] Anand, B. N., Khanna, T., 2000. Do Firms Learn to Create Value? The Case of Alliances. Strategic Management Journal, 295—315.

[6] Bai, C. —E., Hsieh, C. —T., Song, Z. M., 2016. The long shadow of China's fiscal expansion. Brookings Papers on Economic Activity 2016, 129—181.

[7] Baker, M., Mendel, B., Wurgler, J., 2016. Dividends as reference points: A behavioral signaling approach. Review of Fi-

nancial Studies 29, 697—738.

[8] Baker, M., Wurgler, J., 2004. Appearing and disappearing dividends: The link to catering incentives. Journal of Financial Economics 73, 271—288.

[9] Baker, M., Wurgler, J., 2004. A catering theory of dividends. The Journal of Finance 59, 1125—1165.

[10] Baker, M., Wurgler, J., 2011. Behavioral corporate finance: An updated survey. National Bureau of Economic Research.

[11] Baker, M., Wurgler, J., 2012. Comovement and predictability relationships between bonds and the cross — section of stocks. Review of Asset Pricing Studies 2, 57—87.

[12] Baker, M., Wurgler, J., Yuan, Y., 2012. Global, local, and contagious investor sentiment. Journal of Financial Economics 104, 272—287.

[13] Baker, S. R., Bloom, N., Davis, S. J., 2016. Measuring economic policy uncertainty. The Quarterly Journal of Economics 131, 1593—1636.

[14] Balasubramanyan, L., Mohan, R., 2010. How well is productivity being priced? Journal of Economics & Finance 34, 415—429.

[15] Bartelsman, E. J., Wolf, Z., 2017. Measuring Productivity Dispersion..

[16] Berkman, H., Cole, R. A., Fu, L. J., 2009. Expropriation through loan guarantees to related parties: Evidence from

China. Journal of Banking & Finance 33, 141—156.

[17] Brav, A., Graham, J. R., Harvey, C. R., Michaely, R., 2005. Payout policy in the 21st century. Journal of financial economics 77, 483—527.

[18] Brockman, P., Unlu, E., 2009. Dividend policy, creditor rights, and the agency costs of debt. Journal of Financial Economics 92, 276—299.

[19] Caballero, R. J., Pindyck, R. S., 1992. Uncertainty, investment, and industry evolution. National Bureau of Economic Research.

[20] Campello, M., Graham, J. R., Harvey, C. R., 2010. The real effects of financial constraints: Evidence from a financial crisis. Journal of Financial Economics, 470—487.

[21] Campello, M., Ribas, R. P., Wang, A. Y., 2014. Is the stock market just a side show? Evidence from a structural reform. Review of Corporate Finance Studies 3, 1—38.

[22] Chay, J. —B., Suh, J., 2009. Payout policy and cash—flow uncertainty. Journal of Financial Economics 93, 88—107.

[23] Cheng, L. T., Fung, H. G., Leung, T. Y., 2009. Dividend preference of tradable - share and non - tradable - share holders in Mainland China. Accounting & Finance 49, 291—316.

[24] Chivakul, M., Lam, W., 2015. Assessing China's Corporate Sector Vulnerabilities. IMF Working Paper: Assessing China' s Corporate Sector Vulnerabilities 15.

[25] Claessens, S., Djankov, S., Joseph, P. H. F., Lar-

ry, H. P. L., 2002. Disentangling the Incentive and Entrenchment Effects of Large Shareholdings. The Journal of Finance 57.

[26] Claessens, S., Djankov, S., Larry, H. P. L., 2000. The separation of ownership and control in East Asian Corporations. Journal of Financial Economics 58.

[27] Crutchley, C. E., Hansen, R. S., 1989. A Test of the Agency Theory of Managerial Ownership, Corporate Leverage, and Corporate Dividends. Financial Management, 36—36.

[28] Deangelo, H., Masulis, R. W., 1980. Leverage and Dividend Irrelevancy Under Corporate and Personal Taxation. Journal of Finance 35, 453—464.

[29] DeAngelo, H., Masulis, R. W. 1980. Optimal capital structure under corporate and personal taxation. Journal of financial economics 8, 3—29.

[30] Dewenter, K. L., Malatesta, P. H., 2001. State—owned and privately owned firms: An empirical analysis of profitability, leverage, and labor intensity. American Economic Review 91, 320—334.

[31] Dow, J., Gorton, G., 1997. Stock market efficiency and economic efficiency: is there a connection? The Journal of Finance 52, 1087—1129.

[32] Driver, C., Moreton, D., 1991. The influence of uncertainty on UK manufacturing investment. The Economic Journal 101, 1452—1459.

[33] Easterbrook, F. H., 1984. Two Agency—Cost Expla-

nations of Dividends. The American Economic Review, 650—659.

[34] Firth, M., Gao, J., Shen, J., Zhang, Y., 2016. Institutional stock ownership and firms' cash dividend policies: Evidence from China. Journal of Banking & Finance 65, 91—107.

[35] Floyd, E., Li, N., Skinner, D. J., 2015. Payout policy through the financial crisis: The growth of repurchases and the resilience of dividends. Journal of Financial Economics 118, 299—316.

[36] Foster, L., Grim, C., Haltiwanger, J., Wolf, Z., 2016. Productivity, Regulation, and Allocation: Macro, Industry—and Firm—Level Evidence Firm—Level Dispersion in Productivity: is the Devil in the Details? The American Economic Review 106, 95—98.

[37] Friedmana, E., Johnson, S., Mittonc, T., 2003. Propping and tunneling. Journal of Comparative Economics, 732—750.

[38] Garcia—Macia, D., Hsieh, C. —T., Klenow, P. J., 2016. How Destructive is Innovation? National Bureau of Economic Research.

[39] Garicano, L., Lelarge, C., Van Reenen, J., 2016. Firm size distortions and the productivity distribution: Evidence from France. The American Economic Review 106, 3439—3479.

[40] Goldberg, L. S., 1993. Exchange rates and investment in United States industry. The Review of Economics and Statistics, 575—588.

[41] Grinstein, Y., Michaely, R., 20C5. Institutional holdings and payout policy. The Journal of Finance 60, 1389—1426.

[42] Gulen, H., Ion, M., 2015. Policy uncertainty and corporate investment. The Review of Financial Studies 29, 523—564.

[43] Haltiwanger, J., 2016. Firm Dynamics and Productivity: TFPQ, TFPR, and Demand—Side Factors. Economía 17, 3—26.

[44] Hauser, R., 2013. Did dividend policy change during the financial crisis? Managerial Finance 39, 584—606.

[45] Hazarika, S., Jonathan, M. K., Nahata, R., 2012. Internal corporate governance, CEO turnover, and earnings management. Journal of Financial Economics 104.

[46] Holmstrom, B., Milgrom, P., 1987. Aggregation and Linearity in the Provision of Intertemporal Incentives. Econometrica, 303—328.

[47] Hsieh, C. —T., Klenow, P. J., 2009. Misallocation and manufacturing TFP in China and India. The Quarterly Journal of Economics 124, 1403—1448.

[48] Huang, J. J., Shen, Y., Sun, Q., 2011. Nonnegotiable shares, controlling shareholders, and dividend payments in China. Journal of corporate Finance 17, 122—133.

[49] Jensen, G. R., Solberg, D. P., Zorn, T. S., 1992. Simultaneous determination of insider ownership, debt, and dividend policies. Journal of Financial and Quantitative analysis 27, 247—263.

［50］ Jensen，M. C.，Meckling，W. H.，1979. Rights and Production Functions：An Application to Labor — Managed Firms and Codetermination. The Journal of Business，469—506.

［51］ Jensen，M. C. M.，WilliamH.，1976. Theory of the firm：Managerial behavior，agency costs and ownership structure. Journal of financial economics 3，305—360.

［52］ Jia，M.，Zhe，Z.，Di Fang，W. A. N.，2008. Governance Behaviors of Listed Firms′ Real Controlling Shareholders under UltimateControl Structures. 28.

［53］ JIA，M.，zhe，Z.，fang，W. D.，2008. Governance Behaviors of Listed Firms′ Real Controlling Shareholders under Ultimate Control Structures. Systems Engineering — Theory & Practice Online 28.

［54］ Jiang，F.，Kim，K. A.，2015. Corporate governance in China：A modern perspective☆. Journal of Corporate Finance 32，190—216.

［55］ Johansson，A. C.，Feng，X.，2015. The state advances，the private sector retreats? Firm effects of China’ s great stimulus programme. Cambridge Journal of Economics 40，1635—1668.

［56］ Johnson，S.，Rafael，L. P.，Lopez—de—Silanes，F.，Shleifer，A.，2000. Tunneling. Journal of Economic Literature，22—27.

［57］ Jurado，K.，Ludvigson，S. C.，Ng，S.，2015. Measuring uncertainty. The American Economic Review 105，1177

—1216.

[58] Karl, V. L., Volpin, P., Hannes, F. W., 2013. Does Family Control Matter? International Evidence from the 2008 - 2009 Financial Crisis. Review of Financial Studies, 2583—2619.

[59] Kim, E. H., 1989. Optimal capital structure in Miller's equilibrium. Financial markets and incomplete information: Frontiers of modern financial theory 2, 36—48.

[60] La Porta, R., Lopez—De—Silanes, F., Andrei, S., 1999. Corporate Ownership around the World. The Journal of Finance, 471—517.

[61] La Porta, R., Lopez—de—Silanes, F., Shleifer, A., Robert, W. V., 1998. Law and Finance. Journal of Political Economy, 1113—1155.

[62] La Porta, R., Lopez—de—Silanes, F., Shleifer, A., Vishny, R., 2000. Investor protection and corporate governance. Journal of Financial Economics 58.

[63] La Porta, R., Lopez - de - Silanes, F., Shleifer, A., Vishny, R. W., 2000. Agency problems and dividend policies around the world. The journal of finance 55, 1—33.

[64] Larkin, Y., Leary, M. T., Michaely, R., 2016. Do Investors Value Dividend—Smoothing Stocks Differently? Management Science.

[65] Lin, C., Ma, Y., Malatesta, P., hai, X. y., 2013. Corporate ownership structure and the choice between bank debt and public debt. Journal of Financial Economics, 517—534.

[66] Lin, Y. －H., Chiou, J. －R., Chen, Y. －R., 2010. Ownership structure and dividend preference: Evidence from China's privatized state－owned enterprises. Emerging Markets Finance and Trade 46, 56－74.

[67] Mara, F., Larry, H. P. L., 2002. The ultimate ownership of Western European corporations. Journal of Financial Economics 65.

[68] Marin, A. G., Voigtländer, N., 2013. Exporting and Plant－LevelEfficiency Gains: It's in the Measure. National Bureau of Economic Research.

[69] Megginson, W. L., Netter, J. M., 2001. From state to market: A survey of empirical studies on privatization. Journal of economic literature 39, 321－389.

[70] Melitz, M. J., 2003. The impact of trade on intra - industry reallocations and aggregate industry productivity. Econometrica 71, 1695－1725.

[71] Miller, M. H., 1986. Behavioral rationality in finance: The case of dividends. Journal of Business, 451－468.

[72] Miller, M. H., Modigliani, F., 1961. Dividend policy, growth, and the valuation of shares. the Journal of Business 34, 411－433.

[73] Modigliani, F., Miller, M. H., 1958. The cost of capital, corporation finance and the theory of investment. The American economic review 48, 261－297.

[74] Mora, R., Reggio, I., 2012. Treatment effect identifi-

cation using alternative parallel assumptions. .

[75] Morck, R., Shleifer, A., Vishny, R. W., 1988. MANAGEMENT OWNERSHIP AND MARKET VALUATION: An Empirical Analysis. Journal of Financial Eccnomics, 293—315.

[76] Morck, R., Shleifer, A., Vishny, R. W., Shapiro, M., Poterba, J. M., 1990. The stock market and investment: is the market a sideshow? Brookings papers on economic Activity 1990, 157—215.

[77] Morellec, E., Nikolov, B., Schürhoff, N., 2012. Corporate Governance and Capital Structure Dynamics. Journal of Finance 67, 803 - 848.

[78] Moser, P., Voena, A., 2012. Compulsory licensing: Evidence from the trading with the enemy act. The American Economic Review 102, 396—427.

[79] Myers, S. C., 1984. The capital structure puzzle. The journal of finance 39, 574—592.

[80] Myers, S. C., Majluf, N. S., 1984. Corporate financing and investment decisions when firms have information that investors do not have ☆. Journal of Financial Economics 13, 187—221.

[81] PANOUSI, V., PAPANIKOLAOU, D., 2012. Investment, Idiosyncratic Risk, and Ownership. The Journal of Finance, 1113—1148.

[82] Richard, W. C., Travers, B. C., 2013. Changes to the ownership and control of East Asian corporations between 1996 and 2008: The primacy of politics. Journal of Financial Economics,

494—513.

[83] Richardson, S., 2006. Over—investment of free cash flow. Review of accounting studies 11, 159—189.

[84] Ross, S. A., 1977. The determination of financial structure: the incentive—signalling approach. The bell journal of economics, 23—40.

[85] Rozeff, M. S., 1982. Growth, Beta and Agency Costs as Determinants of Dividend Payout Ratios. Journal of Financial Research, 249.

[86] Salvatore, S., Pietro, M., Joseph, H. A., Torsten, M. P., 2012. The role of family ownership in international entrepreneurship: exploring nonlinear effects. Small Business Economics, 15—31.

[87] Schoar, A., 2010. Effects of Corporate Diversification on Productivity. Journal of Finance 57, 2379—2403.

[88] Shapiro, D., Zhuang, A., 2015. Dividends as a signaling device and the disappearing dividend puzzle. Journal of Economics and Business 79, 62—81.

[89] Shleifer, A., Robert, W. V., 1986. Large Shareholders and Corporate Control. Journal of Political Economy, 461—488.

[90] Stock, J. H., Watson, M. W., 2006. Forecasting with many predictors. Handbook of economic forecasting 1, 515—554.

[91] Xie, J., Zeng, X., 2011. Does thebalance of power among block shareholders have impact on top management turnover?:

An empirical study of listed firms in China. China Finance Review International，98－113.

［92］ Yan － Leung，C.，Raub，P. R.，Stouraitisc，A.，2006. Tunneling，propping，and expropriation：evidence from connected party transactions in Hong Kong. Journal of Financial Economics，343－386.

［92］白俊，连立帅. 信贷资金配置差异：所有制歧视抑或禀赋差异？［J］. 管理世界，2012，(06)：30－42＋73.

［93］曹裕. 产品市场竞争、控股股东倾向和公司现金股利政策［J］. 中国管理科学，2014，(03)：141－148.

［94］陈红，杨凌霄. 我国国有控股上市公司治理：现实困境及制度求解——基于双重委托代理理论的分析框架［J］. 当代经济研究，2012，(03)：64－69＋93.

［95］陈乐一，张喜艳. 经济不确定性与经济波动研究进展［J］. 经济学动态，2018，(08)：134－146.

［96］陈少晖. 国有企业利润上缴：国外运行模式与中国的制度重构［J］. 财贸研究，2010，(03)：80－87.

［97］陈小亮，陈彦斌. 结构性去杠杆的推进重点与趋势观察［J］. 改革，2018，(07).

［98］程子健，张俊瑞. 交叉上市、股权性质与企业现金股利政策——基于倾向得分匹配法（PSM）的分析［J］. 会计研究，2015，(07)：34－41＋96.

［99］樊纲，王小鲁，马光荣. 中国市场化进程对经济增长的贡献［J］. 经济研究，2011，9（283)：1997—2011.

［100］方军雄. 所有制、制度环境与信贷资金配置［J］. 经济

研究，2007，(12)：82－92.

［101］冯根福．双重委托代理理论：上市公司治理的另一种分析框架——兼论进一步完善中国上市公司治理的新思路［J］．经济研究，2004，(12)：16－25.

［102］冯根福，韩冰，闫冰．中国上市公司股权集中度变动的实证分析［J］．经济研究，2002，(08)：12－18＋93.

［103］冯明．宏观债务管理的政策框架及其结构性去杠杆［J］．改革，2016，(07).

［104］高文亮，罗宏，潘明清．政府管制、国企分红与企业创新［J］．当代财经，2017，(09)：70－79.

［105］胡建平，干胜道．钱多办“坏”事：自由现金流量与过度投资［J］．当代财经，2007，(11)：107－110＋122.

［106］纪洋，王旭，谭语嫣，等．经济政策不确定性、政府隐性担保与企业杠杆率分化［J］．经济学（季刊），2018，17（02）：449－470.

［107］黎来芳，王化成，张伟华．控制权、资金占用与掏空——来自中国上市公司的经验证据［J］．中国软科学，2008，(08)：121－127.

［108］李增泉，孙铮，王志伟．“掏空”与所有权安排——来自我国上市公司大股东资金占用的经验证据［J］．会计研究，2004，(12)：3－13＋97.

［109］李增泉，余谦，王晓坤．掏空、支持与并购重组——来自我国上市公司的经验证据［J］．经济研究，2005，(01)：95－105.

［110］李志生，陈晨，林秉旋．卖空机制提高了中国股票市场

的定价效率吗？——基于自然实验的证据［J］. 经济研究，2015，(04)：165－177.

［111］李志生，杜爽，林秉旋. 卖空交易与股票价格稳定性——来自中国融资融券市场的自然实验［J］. 金融研究，2015，(06)：173－188.

［112］刘建民，刘星. 关联交易与公司内部治理机制实证研究——来自沪深股市的经验证据［J］. 中国软科学，2007，(01)：79－89.

［113］刘哲希，李子昂. 结构性去杠杆进程中居民部门可以加杠杆吗［J］. 中国工业经济，2018，(10).

［114］卢闯，刘俊勇，孙健，等. 控股股东掏空动机与多元化的盈余波动效应［J］. 南开管理评论，2011，(05)：68－73.

［115］陆正飞，何捷，窦欢. 谁更过度负债：国有还是非国有企业？［J］. 经济研究，2015，50 (12)：54－67.

［116］罗党论，唐清泉. 市场环境与控股股东"掏空"行为研究——来自中国上市公司的经验证据［J］. 会计研究，2007，(04)：69－74＋96.

［117］罗宏，黄文华. 国企分红、在职消费与公司业绩［J］. 管理世界，2008，(09)：139－148.

［118］齐鲁光，韩传模. 机构投资者持股、高管权力与现金分红研究［J］. 中央财经大学学报，2015，(04)：52－57.

［119］钱雪松，孔东民. 内部人控制、国企分红机制安排和政府收入［J］. 经济评论，2012，(06)：15－24＋64.

［120］申尊焕. 机构投资者对现金股利影响的实证分析［J］. 财贸研究，2011，(02)：113－119.

［121］沈艺峰，况学文，聂亚娟．终极控股股东超额控制与现金持有量价值的实证研究［J］．南开管理评论，2008，（01）：15－23＋38．

［122］沈艺峰，许年行，杨熠．我国中小投资者法律保护历史实践的实证检验［J］．经济研究，2004，（09）：90－100．

［123］盛明泉，张敏，马黎珺，等．国有产权、预算软约束与资本结构动态调整［J］．管理世界，2012，（03）：151－157．

［124］施东晖．上市公司控制权价值的实证研究［J］．经济科学，2003，（06）：83－89．

［125］石水平．控制权转移、超控制权与大股东利益侵占——来自上市公司高管变更的经验证据［J］．金融研究，2010，（04）：160－176．

［126］孙刚，朱凯，沈纯．机构投资者持股、税负异质性与现金股利分配偏好［J］．山西财经大学学报，2015，（06）：22－33．

［127］谈儒勇．法与金融：文献综述及研究展望［J］．上海财经大学学报，2005，（05）：76－83．

［128］谭小芬，尹碧娇，杨燚．中国非金融企业杠杆率的影响因素研究：2002—2015 年［J］．中央财经大学学报，2018，（02）：23－37．

［129］王化成，裘益政，尹美群．控股股东与公司绩效——民营上市公司与国有上市公司的对比分析［J］．山西财经大学学报，2007，（06）：60－68．

［130］王佳杰，童锦治，李星．国企分红、过度投资与国有资本经营预算制度的有效性［J］．经济学动态，2014，（08）：70－77．

［131］王俊秋，张奇峰．法律环境、金字塔结构与家族企业的

"掏空"行为 [J]. 财贸研究，2007，(05)：97—104.

[132] 王克敏，陈井勇. 股权结构、投资者保护与公司绩效 [J]. 管理世界，2004，(07)：127—133+148.

[133] 王鹏，周黎安. 控股股东的控制权、所有权与公司绩效：基于中国上市公司的证据 [J]. 金融研究，2006，(02)：88—98.

[134] 王茜，张鸣. 基于经济波动的控股股东与股利政策关系研究——来自中国证券市场的经验证据 [J]. 财经研究，2009，(12)：50—60.

[135] 王跃堂，王亮亮，彭洋. 产权性质、债务税盾与资本结构 [J]. 经济研究，2010，45 (09)：122—136.

[136] 魏明海，柳建华. 国企分红、治理因素与过度投资 [J]. 管理世界，2007，(04)：88—95.

[137] 魏志华，李茂良，李常青. 半强制分红政策与中国上市公司分红行为 [J]. 经济研究，2014，(06)：100—114.

[138] 魏志华，吴育辉，李常青. 家族控制、双重委托代理冲突与现金股利政策——基于中国上市公司的实证研究 [J]. 金融研究，2012，(07)：168—181.

[139] 吴育辉，吴世农. 股权集中、大股东掏空与管理层自利行为 [J]. 管理科学学报，2011，(08)：34—44.

[140] 肖泽忠，邹宏. 中国上市公司资本结构的影响因素和股权融资偏好 [J]. 经济研究，2008，(06)：119—134+144.

[141] 肖作平，苏忠秦. 现金股利是"掏空"的工具还是掩饰"掏空"的面具？——来自中国上市公司的经验证据 [J]. 管理工程学报，2012，(02)：77—84.

[142] 徐忠. 去杠杆的标本兼治之策 [J]. 金融经济，2017，

(11)：20－22.

[143] 许红伟，陈欣. 我国推出融资融券交易促进了标的股票的定价效率吗？——基于双重差分模型的实证研究 [J]. 管理世界，2012，(05)：52－61.

[144] 严若森. 双重委托代理理论与股权集中型公司治理最优化研究综述 [J]. 当代经济科学，2006，(04)：90－95＋127.

[145] 杨汉明. 国企分红、可持续增长与公司业绩 [J]. 财贸经济，2009，(06)：23－28.

[146] 叶康涛，陆正飞，张志华. 独立董事能否抑制大股东的"掏空"? [J]. 经济研究，2007，(04)：101－111.

[147] 叶勇，刘波，黄雷. 终极控制权、现金流量权与企业价值——基于隐性终极控制论的中国上市公司治理实证研究 [J]. 管理科学学报，2007，(02)：66－79.

[148] 余明桂，夏新平. 控股股东、代理问题与关联交易：对中国上市公司的实证研究 [J]. 南开管理评论，2004，(06)：33－38＋61.

[149] 俞红海，徐龙炳，陈百助. 终极控股股东控制权与自由现金流过度投资 [J]. 经济研究，2010，(08)：103－114.

[150] 张建华，王君彩. 国企分红、国企绩效与过度投资：实证检验——基于国有资本金预算新政前后的对比分析 [J]. 中央财经大学学报，2011，(08)：66－69.

[151] 张祥建，王东静，徐晋. 关联交易与控制性股东的"隧道行为" [J]. 南方经济，2007，(05)：53－64.

[152] 张晓晶，常欣，刘磊. 结构性去杠杆：进程、逻辑与前景——中国去杠杆2017年度报告 [J]. 经济学动态，2018，(05).

[153] 张晓晶，文丰安. 结构性去杠杆：政策演进、理论逻辑与实现路径 [J]. 改革，2018，(08)

[154] 张一林，龚强，荣昭. 技术创新、股权融资与金融结构转型 [J]. 管理世界，2016，(11)：65—80.

[155] 张一林，蒲明. 债务展期与结构性去杠杆 [J]. 经济研究，2018，53 (07)：32—46.

[156] 赵卿，刘少波. 制度环境、终极控制人两权分离与上市公司过度投资 [J]. 投资研究，2012，(05)：52—65.

[157] 郑国坚，林东杰，张飞达. 大股东财务困境、掏空与公司治理的有效性——来自大股东财务数据的证据 [J]. 管理世界，2013，(05)：157—168.

[158] 支晓强，胡聪慧，吴偎立，等. 现金分红迎合了投资者吗——来自交易行为的证据 [J]. 金融研究，2014，(05)：143—161.

[159] 中国人民大学中国宏观经济分析与预测课题组，陈彦斌，陈小亮，等. 结构性去杠杆下的中国宏观经济——2018 年中期中国宏观经济分析与预测 [J]. 经济理论与经济管理，2018，(08).

[160] 钟宁桦，刘志阔，何嘉鑫，等. 我国企业债务的结构性问题 [J]. 经济研究，2016，51 (07)：102—117.

[161] 周逢民. 企业杠杆率高企的结与解 [J]. 中国金融，2018，(01)：56—58.

[162] 周县华，吕长江. 股权分置改革、高股利分配与投资者利益保护——基于驰宏锌锗的案例研究 [J]. 会计研究，2008，(08)：59—68+95.

[163] 朱武祥，魏炜，王正位. 回归经典：资本结构研究 60 年

思考［J］. 金融研究，2014，（12）：194—206.

［164］祝继高，王春飞. 国际金融危机对公司现金股利政策的影响研究——基于股权结构的视角［J］. 会计研究，2013，（02）：38—44+94.

致 谢

记得有次有位同学见到我，说我违背了博士的定义，读了博士以后头发怎能越来越长呢？因为博士的英文简称 PHD（permanent head damage），常常被戏谑地说成是永久性脑损伤，而脑损伤的主要标志就是博士生中常见的脱发。虽然这是个玩笑，但很多时候我都在想：如果读博仅仅是这样一个折磨人的效果，怕这不是很多人选择读博的初衷吧？虽然我承认读博期间自己经历了很多挑战和挫折，但除此之外，自觉还是在这个过程中增长了些许智慧。

关于读博是否会给自己增长智慧的问题，对我而言还是有点重要的，因为这直接与价值观相关。读博作为一项高成本经历，如果没有一个有说服力的价值观作为支撑的话，是很难让自己坚持下来的。关于这个问题，我至今还记得白老师给过的一个有意思的解答。我记得她对我说道："读博士期间是知识的累积期，一般还没能发现自己的智慧。这一时期的状态应该是：大部分时候神神叨叨，精神亢奋，注意力时而集中时而涣散，内心愉悦与纠结并存，自我怀疑与过度自信轮翻出现，目光深邃与呆滞齐飞。如此，就离毕业不远了。"

这是一个让人觉得特别辛酸的回答，我其实并不同意老师对智慧的否定，老师很可能是出于谦虚才否定智慧的存在吧。

下面我想谈下自己读博的“智慧”，以及对自己读博价值认定的一个心路历程。不可否认的是，在读博过程中，老师所提醒的“自我怀疑”，其实我是深深体会到了的。作为经济学博士生，博士论文基本是自己动手丰衣足食，这与不少理工科博士生沦为老板学术机器里的一颗螺丝钉的境况相比区别殊大。不过也因此很多经济学博士生要经历极为痛苦的没想法、没办法的阶段，有时候甚至无言面对导师，这种自我怀疑、自我否定的阶段无疑是一个非常严峻的挑战，时刻折磨着你。在论文撰写的过程中，我也曾多次感叹做研究真不是一件容易的事，实证结果变来变去，想混过去又实在太扎眼，解释起来更费力。归根结底还是思路没想好，要么想简单了，要么想复杂了，写起来都一团浆糊。还是得静下心来好好捋清楚，写作也确实不是一个简单的“写”字，得随着思路的调整反复修改。

回想起关于经济学的学习经历。记得我在研究做到最迷茫的那段时期，有幸读到彭文生《渐行渐远的红利》。当时，碰上本好书还是蛮开心的，图书馆借的还了，自己又买了本，以后每次读都有种常读常新的感觉。读书读得少，有时聊天都不好意思说自己是学经济金融的，脑子里有太多似是而非的东西，自己都没弄清楚也跟别人道不清楚。得出的主要教训是：学经济，连一些基本经济事实都不清楚，更别说怎么解释清楚了，多数时候只能是一通乱解释，而这本书最让我值得学习的是，理论与事实结合起来反复推敲，极少妄断。在经济学领域，开始下论断时，先熟悉点“典型事实”总是好的，不然极易闹些啼笑皆非的笑话。例如宏观经济学，虽然不同流派有不同的观点，但对一些“典型事实”的判断还是一致的，然后才有自己不同的解释，而了解这些事实自然是了解这门学科的起点。有些解释或者观点还会随着一些新的“事实”的出现而发生重大变化，例如“大萧条”之于凯恩斯，“滞胀”之于卢卡斯，“全球国际金融危机”导致宏观金融领域对资产价格泡沫、系统性风险和风险传染的关注等。

猛地想起两年前周骏老先生在给院里研究生们讲课时的情景。他老人家对M1、M2、GDP历年增速真是清楚，在黑板上板书数据信手拈来，对未来走势了如指掌，当时仅仅是佩服，尚不知其中的奥密。现在想来，能够将这些典型“经济事实”的情况做到了如指掌、心中熟稔，想必也是那些大师们成功的秘密。而我对于货币研究的了解，比如关于M2和GDP的增速，以前脑海里总是一个很模糊的概念，对于中国货币的历史几乎无知，什么货币化时期、外汇占款激增时期，虽然略知概念，但从没对这些数据进行过细致观察或思考。“要问为什么，先问是不是”，这话真是不假，凡事先要搞清楚“事实”，没搞清楚事实究竟是不是如此，又怎能随便下论断呢。当然了，好在经济学的科研领域还有“事实”，生活中的事实就众说纷纭了。总之，经济学还是一个单纯的、有意思的领域。

不禁感慨的是，看到经济学博士训练过程中收获的这些“智慧”或者价值，足以弥补我在学习过程中经历的各种磨练。伟大的欧文·费雪在《利息理论》这本书的开篇写道：“收入是一系列事件”“我们的头脑将我们所遭遇的以及刺激我们神经系统的外界时间转变成为我们精神生活中的川流”。这是大师们的洞见，每次在读这些大师作品的时候，我都将他们转化成了我精神生活中的川流，每次在科研训练的折磨过程中，我总会读上一本大师的作品来作为对自己最大的奖励，他们能让我的研究变得不再迷茫。

最后我要感谢很多人，首先，感谢我读博期间的所有授课老师，老师们学识渊博、旁征博引，不辞辛劳、热忱地为学生们奉献着光和热，让我在这所高等院校的学习感到充满温暖和希望。尤其是我的导师唐文进教授在我的学位论文选题及研究过程中给予了悉心指导，并多次为我指点迷津，帮助我开拓研究思路。唐老师严谨的治学态度让我深受感动，在此表示衷心的感谢！其次，我想感谢我的家人，他们为我默默地付出、从不倦怠，为我的人生不断增添活力，是我人生的坚强后盾，他们鼓励我在人生的道路上积极进取、勇敢前行！我还想感谢我的同学和朋友，他们总是给予我各方面的帮助，让我在这三年的学习与生活中从未感受到孤独。在此，我向他们表示诚挚的谢意！我还要感谢各位评阅老师的辛苦劳动和批评指正！